guia
prático de
manutenção de
impressora
a jato de tinta

Dados Internacionais de Catalogação na Publicação (CIP)
(Jeane Passos de Souza - CRB 8ª/6189)

Schorsch, Mauricio
Guia prático de manutenção de impressora a jato de tinta /
Mauricio Schorsch. -- São Paulo: Editora Senac São Paulo, 2015.

ISBN 978-85-396-0866-9

1. Impressoras – Manutenção e reparos 2. Impressora a jato de tinta 3. Periféricos de saída – Microcomputadores I. Título. II. Série

15-310s CDD-004.77
BISAC COM049000

Índice para catálogo sistemático:
1. Impressora a jato de tinta   004.77

guia prático de manutenção de impressora a jato de tinta

Mauricio Schorsch

Editora Senac São Paulo – São Paulo – 2015

ADMINISTRAÇÃO REGIONAL DO SENAC NO ESTADO DE SÃO PAULO
Presidente do Conselho Regional: Abram Szajman
Diretor do Departamento Regional: Luiz Francisco de A. Salgado
Superintendente Universitário e de Desenvolvimento: Luiz Carlos Dourado

EDITORA SENAC SÃO PAULO
Conselho Editorial: Luiz Francisco de A. Salgado
Luiz Carlos Dourado
Darcio Sayad Maia
Lucila Mara Sbrana Sciotti
Jeane Passos de Souza

Gerente/Publisher: Jeane Passos de Souza (jpassos@sp.senac.br)
Coordenação Editorial/Prospecção: Luís Américo Tousi Botelho (luis.tbotelho@sp.senac.br)
Márcia Cavalheiro Rodrigues de Almeida (mcavalhe@sp.senac.br)
Administrativo: João Almeida Santos (joao.santos@sp.senac.br)
Comercial: Marcos Telmo da Costa (mtcosta@sp.senac.br)

Edição de Texto: Ivone P. B. Groenitz
Preparação de Texto: Edna Viana dos Santos
Revisão de Texto: Heloisa Hernandez (coord.), Bianca Rocha, Karinna A. C. Taddeo
Editoração Eletrônica: Sandra Regina Santana
Capa: Antonio Carlos De Angelis
Foto da Capa: iStockphoto
Impressão e Acabamento: Gráfica CS Eireli

Proibida a reprodução sem autorização expressa.
Todos os direitos desta edição reservados à
Editora Senac São Paulo
Rua 24 de Maio, 208 – 3º andar – Centro – CEP 01041-000
Caixa Postal 1120 – CEP 01032-970 – São Paulo – SP
Tel. (11) 2187-4450 – Fax (11) 2187-4486
E-mail: editora@sp.senac.br
Home page: http://www.editorasenacsp.com.br

© Editora Senac São Paulo, 2015

Sumário

Nota do editor 7

Introdução 9

1. Processo de manutenção 13
2. Cartucho: o grande vilão 15
3. Ferramentas e materiais 19
4. Electrostatic discharge ou descarga eletrostática (ESD) 21
5. Teste de fonte utilizando multímetro 25
6. Abrindo a impressora 29
7. Removendo a placa lógica da impressora 37
8. Funcionamento das placas auxiliares e dos sensores 41
9. Manutenção preventiva e algumas manutenções corretivas possíveis 43
10. Excesso de uso 65
11. Problemas com papel 67
12. Problemas mecânicos 69
13. Outros problemas: trocando peças 71
14. Impressora a laser 73

Anexos 81

Sites 105

Nota do editor

Este livro foi escrito de maneira simples, com o objetivo de transmitir informações rápidas e práticas sobre a manutenção de impressoras a jato de tinta.

É ilustrado com um modelo específico de impressora e dá instruções para que o profissional entenda como a impressora funciona. Vale ressaltar que, com a experiência do dia a dia, o profissional perceberá que na manutenção de uma impressora também é possível, em alguns casos, reutilizar peças de outra que não funciona, colaborando com a diminuição do lixo eletrônico.

Guia prático de manutenção de impressora a jato de tinta é mais um livro que o Senac São Paulo inclui em sua bibliografia da área de tecnologia da informação para atender a profissionais e estudantes desse mercado de trabalho.

Introdução

Diferentemente de placas-mãe, processadores e outros componentes, as impressoras têm um funcionamento basicamente mecânico, por isso podem ser consertadas com relativa facilidade. É muito mais fácil consertar uma impressora do que uma televisão, por exemplo, uma vez que nesta há muitos componentes eletrônicos, sendo necessários sólidos conhecimentos no assunto.

Aqui, no Brasil, temos um cenário no mínimo interessante quanto à manutenção de impressoras. Os centros autorizados, que supostamente deveriam prestar assistência de boa qualidade, frequentemente realizam serviços de baixa qualidade e, pior, quase sempre cobram muito caro por eles, muitas vezes inviabilizando a manutenção, sobretudo se compararmos o preço desse serviço com o de um equipamento novo.

Abre-se então um grande campo de trabalho para os técnicos autônomos, que podem ter grande volume de solicitação de reparos, dependendo do seu grau de conhecimento e da divulgação de seus serviços aos potenciais clientes.

O objetivo deste livro é justamente transmitir alguns conceitos básicos sobre a manutenção de impressoras a jato de tinta, utilizando um modelo ilustrativo específico, porém dando insumos para que você procure entender o funcionamento de outras impressoras utilizando manuais e a internet. Vale ressaltar que, por se tratar de um livro básico, seguramente a experiência no dia a dia fará com que o seu conhecimento sobre o assunto seja infinitamente maior do que o apresentado aqui.

Como funciona uma impressora a jato de tinta

As impressoras a jato de tinta apresentam uma excelente resolução, semelhante à das impressoras a laser, além de serem rápidas e geralmente silenciosas. Seu mecanismo lembra muito as impressoras matriciais, pois também possuem cabeçote. Elas trabalham com o sistema de spray (drop on demand), em que a parte fundamental de todo o processo é feita por meio eletrônico.

Um cartucho de tinta fica ligado à cabeça de impressão, que realiza movimentos de deslocamento no sentido lateral em toda a extensão do papel com o auxílio de um carro de impressora. Note que, apesar da semelhança da impressora a jato de tinta com a matricial, como citado no parágrafo anterior, o cabeçote da impressora a jato de tinta é ligado ao cartucho de tinta, ao contrário do modelo matricial. Isso reduz consideravelmente o custo de manutenção da impressora quando há algum tipo de avaria, pois a simples troca de cartucho resolve o problema. Claro que, se compararmos o valor de um fita de impressora com o de um cartucho, a diferença será relativamente grande, porém, sob o ponto de vista de manutenção, a facilidade de reparo é muito maior no modelo que estamos tratando aqui.

Os principais componentes da impressora são: a placa lógica, que coordena o trabalho de impressão; os motores; as engrenagens e correias responsáveis pela movimentação do carro de impressão; o eixo por onde o carro se desloca; o carro de impressão em si, em que estão os cartuchos; o botão de ligar; e as cabeças de impressão, que, como mencionado anteriormente, fazem parte dos cartuchos e são descartáveis.

Características das impressoras

Alguns parâmetros são básicos para entender o funcionamento das impressoras. São eles:

1. **Velocidade**. Consiste no número de caracteres que as impressoras são capazes de imprimir em um segundo; daí a denominação CPS – Caracteres Por Segundo. Há ainda outra especificação acerca desse tema, a chamada PPM – Páginas Por Minuto. Quanto maior o número de PPM, mais veloz a máquina é.
2. **DPI** (Dots Per Inch ou, em português, Pontos Por Polegada). É a determinação da qualidade de impressão. Quanto maior o número de DPIs, melhor é a resolução. Como exemplo, podemos comparar uma impressora a jato de tinta da marca HP, modelo 1000, que pode atingir 2.000 DPIs, com uma impressora matricial, que chega a 100 DPIs.
3. **Ruído**. Quanto menos "barulhenta" for a impressora, melhor. Hoje, muitos fabricantes divulgam, em seus sites oficiais, o nível de ruído que seus equipamentos emitem. Esse fator pode ser determinante na escolha da impressora, dependendo do local em que ela será instalada.
4. **Suprimentos**. Os suprimentos envolvem o tipo de papel, os cartuchos, os toners, etc. Trata-se de tudo aquilo que é necessário para manter o funcionamento da impressora; são acessórios dela que precisam ser adquiridos.
5. **Software**. Elemento muito importante, deve ser totalmente compatível com o sistema operacional do computador, já que é ele que será responsável por materializar os dados do software na impressão.

Testes preliminares

A maioria dos problemas encontrados em impressoras a jato de tinta pode ser facilmente resolvida, já que mais de 90% deles são causados por mau uso.

Muitas vezes, a impressora chega à manutenção funcionando perfeitamente, pois o problema está no computador do usuário.

As impressoras possuem um autoteste, que, em alguns casos, pode ser ativado pressionando-se simplesmente um dos botões do equipamento. Para saber como a sua impressora emite o autoteste, consulte o manual do usuário ou o site do fabricante.

Em geral, quando o autoteste funciona corretamente, mas a impressora não imprime nada do que é enviado pelo computador, o problema pode não estar nela, mas sim, por exemplo:

⇨ no cabo. Experimente utilizar outro.

Observação: Hoje há impressoras que funcionam sem fio; portanto, nesse caso é necessário verificar a configuração no computador.

⇨ no programa (driver) da impressora. Tente instalar uma versão atualizada, disponível no site do fabricante. Verifique também se as configurações da impressora estão corretas em relação ao sistema operacional.

Processo de manutenção

Como estamos tratando o tema com vistas ao uso profissional do conteúdo apresentado, não podemos deixar de apresentar algumas recomendações referentes ao ciclo de recebimento, embalagem, armazenamento e reparo de uma impressora. Vale destacar que tais recomendações podem ser acatadas de acordo com o seu interesse.

Recebimento

Ao receber um equipamento, fique atento aos acessórios que o acompanham, como cartucho, bandeja, manual, cabos, etc. Verifique também se não há partes quebradas, riscadas ou que estejam faltando e anote tudo em uma Ordem de Serviço (OS). Anote também o número de série completo e o modelo do equipamento. Quando o cliente não quiser deixar o cartucho da impressora, explique que muitos problemas são ocasionados por defeito desse acessório e que, para um teste mais preciso, ele será necessário.

Por último, imprima duas vias, afixe uma na impressora, com a assinatura do cliente, e entregue a outra a ele.

Embalagem

Embale o equipamento desde o momento de sua entrada para evitar que acumule poeira e se contamine com outro equipamento sujo. Recomenda-se a utilização de plástico transparente, do tipo filme, com o número da OS ou o nome do cliente bem à vista.

Armazenamento

Tenha prateleiras diferentes para cada status do processo de manutenção, como uma prateleira para os equipamentos que aguardam orçamento, outra para os que esperam aprovação, outra ainda para os que aguardam peças e uma última para os liberados para retirada.

Além de facilitar o seu controle e acompanhamento, essa iniciativa causará boa impressão quanto à organização e apresentação de seus serviços, passando confiabilidade aos clientes.

Reparo

Ao fazer o orçamento, o próprio técnico responsável pelo equipamento deverá fornecer o nome da(s) peça(s) a ser(em) trocada(s) para evitar possíveis erros do departamento de compras e administrativo. Sempre realize um teste final de impressão no equipamento do cliente para enviá-lo com a impressora e a OS preenchida.

Embale todas as peças que foram substituídas e entregue-as com a impressora do cliente.

Se o cartucho estiver danificado, coloque-o em uma embalagem fora da impressora e envie-o como danificado. Se o cliente aprovar a compra de um novo cartucho, deixe-o na embalagem original e lacrada para garantir ao cliente que ele nunca foi usado. Somente abra a embalagem e faça o teste com o consentimento e a presença do cliente.

Cartucho: o grande vilão

Antes de tudo, é importante saber por qual processo o cartucho passa para expelir a tinta na folha.

O cartucho HP é constituído da tinta e da cabeça de impressão. A tinta fica no recipiente e é conduzida através de microdutos. Cada microduto leva a um orifício (injetor). E em cada canal existe um elemento resistivo. Esse elemento, que é alimentado por uma corrente conduzida através dos contatos na parte traseira do cartucho, aquece a tinta nos microdutos. Aquecida, a tinta começa a ferver, formando pequenas bolhas, que depois se tornam uma bolha maior, a qual se rompe e impulsiona a tinta para fora do "injetor", gerando a gota.

A maioria das pessoas não sabe que o cartucho tem validade, em média de seis meses depois de aberto (incluindo os originais), que expira mesmo quando a impressora não é utilizada. A tinta, por ser bastante corrosiva, pode vazar quando a impressora fica sem uso por muito tempo.

Cartuchos retintados (conhecidos como remanufaturados) são problemáticos, pois frequentemente fazem com que a tinta vaze. O mesmo problema ocorre em cartuchos falsificados (cartuchos retintados que são vendidos como se fossem novos e originais).

Muitas pessoas alegam que esses cartuchos não valem a pena, pois podem danificar a impressora. Realmente, eles podem causar danos ao equipamento quando este possui cabeça de impressão fixa, como as impressoras Epson. Nesse caso, um cartucho recarregado com tinta de baixa qualidade poderia entupir as cabeças de impressão, praticamente inutilizando a impressora. Além disso, a troca das cabeças costuma custar mais da metade do preço de uma impressora nova.

No caso das HPs não há esse risco, pois, como a cabeça é descartável e embutida no cartucho, o máximo que poderia acontecer seria o cartucho não funcionar adequadamente e você perder seu dinheiro.

O problema no caso dos cartuchos de impressoras HP é que a cabeça de impressão não é projetada para funcionar por tempo indeterminado. Geralmente, a partir da segunda recarga, a cabeça começa a ficar desgastada, e a qualidade de impressão torna-se cada vez pior.

De qualquer maneira, levando-se em conta o custo desses cartuchos recondicionados, não deixa de ser um bom negócio adquiri-los, pelo menos no caso de impressoras HP, já que com o dinheiro de um cartucho original é possível comprar três ou mesmo quatro reciclados.

Há, ainda, impressoras que usam smart chips. Quando a tinta acaba, eles bloqueiam os canais de saída, evitando assim que os cartuchos sejam recarregados.

Certamente a qualidade de impressão com o uso de cartuchos originais é notável. Não que os cartuchos reciclados ou remanufaturados não tenham qualidade, mas de fato há uma variação de fornecedor para fornecedor quanto à qualidade das tintas (a fórmula das tintas dos originais é mantida em absoluto sigilo pelos fabricantes), risco que não se corre com cartuchos originais.

Outro ponto a destacar é a durabilidade dos cartuchos originais, que em média chega a ser 20% superior à dos demais.

O certo é que nenhum fabricante de impressoras recomenda o uso de cartucho remanufaturado ou reciclado. Caso você opte por usá-lo, procure uma empresa idônea e com estrutura adequada.

Existe uma grande diferença entre cartuchos remanufaturados e reciclados. Nos primeiros o cartucho é recarregado somente com tinta, muitas vezes sem procedência, e com maquinário inadequado (como seringas vendidas em farmácias). Já nos reciclados o processo é totalmente diferente.

Abaixo seguem as etapas do processo de reciclagem de cartuchos:

1. Primeiro é feita toda a descontaminação (limpeza) do cartucho, normalmente usando um equipamento a vapor.
2. Depois é feita a recarga de tinta. Nesse momento, deve-se prestar atenção à quantidade também, pois um cartucho com excesso de tinta em seu reservatório não significa qualidade de recarga. Muitas vezes o excesso de tinta pode ocasionar o rompimento da bolsa de tinta.

   A embalagem que lacra o cartucho usando uma fita conhecida como blue tape serve para vedar as saídas de tintas do cartucho na parte inferior (mantê-las abertas pode ocasionar entupimento e/ou contaminação).

   Nota: Não deve ser utilizado qualquer tipo de fita autocolante para vedar as saídas de tinta. Além de a fita poder deixar resíduos de cola nos orifícios, há o risco de danos ao sistema eletrônico em si.
3. Por segurança, é utilizado um clip (peça plástica para acondicionar os cartuchos) para transportar o cartucho, mesmo se estiver vazio (levando em consideração que não há possibilidade de reutilização da fita blue tape).

4. Por último vem a embalagem externa, que pode ser aproveitada para fazer o marketing da empresa.

Pronto! Agora temos um cartucho reciclado com garantia para utilização.

> **Importante:**
> ⊃ O cartucho vazio (original) não tem capacidade indeterminada para recarga. Recomenda-se no máximo duas recargas, pois acima disso não se garante a qualidade da impressão. Há um desgaste grande dos circuitos do cartucho, que foram projetados para ser utilizados somente uma vez.

Ferramentas e materiais

As ferramentas utilizadas no reparo das impressoras Deskjet são:

⇨ chave de fenda fina (para auxiliar nas travas de plástico);
⇨ chave torx 8, 10 e 20 (para os parafusos);

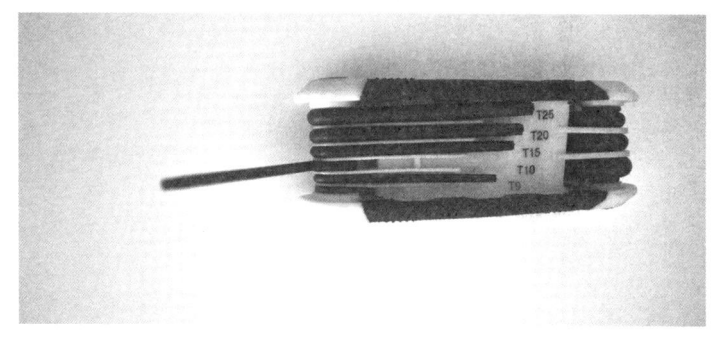

⇨ pinça para remoção do absorver (espuma que fica dentro da impressora e serve para limpar a saída de tinta dos cartuchos) ou dos parafusos.

Observação: Não há problema algum em utilizar chaves imantadas para a manutenção de impressoras.

Produtos para limpeza:

⇨ Ar comprimido. Muito importante, pois geralmente as impressoras chegam com muita poeira e sujeira. Facilita a limpeza e agiliza no reparo, caso o problema seja somente sujeira em algum sensor, no caminho do papel, etc. Deve-se ter cuidado somente com o aparelho de ar a ser utilizado, pois alguns não possuem filtros, como os de postos de gasolina e borracharias, e por isso soltam água, óleo e sujeira. Assim, o ar comprimido acaba fazendo o processo inverso na impressora: em vez de limpar, acaba sujando mais.

⇨ Área para lavagem. Pode ser um tanque ou uma pia. A maior parte das peças plásticas da impressora pode ser lavada. Pincéis e buchas sem a palha de aço podem ser utilizados na lavagem.

⇨ Pano. Devem ser usados panos que soltem poucas fibras; normalmente as flanelas de cor laranja são recomendadas.

⇨ Kernite (detergente). Muito bom para a limpeza de plásticos e não mancha com o tempo. Usado na proporção 1:8 (1 medida de kernite para 8 de água), o produto é normalmente vendido em frascos de 1 litro em casas específicas de peças de impressoras.

⇨ Álcool isopropílico. Álcool específico para a limpeza de componentes eletrônicos. É vendido em farmácias e casas de componentes eletrônicos.

Lubrificantes:

⇨ vaselina líquida para metal;

⇨ vaselina em pasta para plástico;

⇨ óleo e graxa Epson.

Observação: Não deve ser usado lubrificante do tipo spray, pois ele prejudica plásticos e metais.

Electrostatic discharge ou descarga eletrostática (ESD)

Um dos fatores responsáveis por danos em componentes da placa lógica da impressora, a descarga eletrostática (ESD) é a descarga súbita de energia de um corpo para outro. Poucos acreditam no que a ESD pode causar no funcionamento ideal de uma placa ou computador. Para explicar melhor o processo, vamos citar alguns exemplos de descarga.

Você já tomou um choque ao tocar na maçaneta de uma porta, ao sair do carro ou ao tocar em outra pessoa? Isso acontece porque um dos corpos está muito carregado de energia estática, que pode estar presente em bancadas de trabalho, pisos, cadeiras, roupas, materiais de embalagem, copos descartáveis e até mesmo no próprio corpo humano.

Para comprovar a existência da energia estática, coloque uma blusa de lã e, ao final do dia, retire-a em um ambiente escuro. Além de ouvir os estalos, você verá pequenas faíscas saindo da lã. Outros exemplos de carga estão no carpete, que possui fibras de náilon capazes de gerar altos valores de energia estática, e nos copos descartáveis, que, ao serem retirados de porta-copos, permanecem presos uns aos outros. Os monitores de vídeo ou televisores também são grandes geradores de energia. Aproxime seu braço da tela e perceba como seus pelos ficam eriçados. É por esse motivo que as telas antirreflexivas (telas de vidro para proteção da vista) têm um fio (que a maioria das pessoas "quebra") para aterramento, o que eliminaria a energia estática.

A tensão eletrostática gerada também depende da umidade relativa do ar: ela pode ser reduzida em 90% se o ambiente estiver mais úmido.

Você deve estar se perguntando: como, diante de tanta tecnologia, não temos nada que evite a ESD? Realmente, apesar de tantos avanços tecnológicos, os componentes eletrônicos ficaram ainda mais sensíveis a descargas eletrostáticas. Muitas vezes não conseguimos descobrir se uma placa foi danificada por ESD, pois para **sentir** a descarga precisaríamos de 4.000 V, para **ouvir** o som emitido seriam necessários 5.000 V e para **ver** a faísca, 10.000 V. Esses valores parecem absurdos, mas assustador mesmo é o valor necessário para **queimar** uma placa: menos de 1.000 V! Quando então conseguimos descobrir que queimamos uma placa por ESD? Quase nunca, pois, se para sentir a descarga precisamos de 4.000 V e para queimar são necessários menos de 1.000 V, nunca descobriremos se uma placa foi danificada por ESD, a não ser que utilizemos uma lente de aumento de 600×. Ela possibilita a visualização das trilhas de cobre na placa rompida e, em alguns casos, de um pequeno buraco na placa.

É importante salientar que não temos como bloquear a carga de energia em nosso corpo, porém podemos utilizar um bom meio de descarga, como os exemplos a seguir:

⇨ Pulseira antiestática. É utilizada como um "neutralizador" de carga no nosso corpo, mantendo-o sempre com o valor 0. Presa ao braço (normalmente os homens posicionam a chapa metálica de absorção de energia na parte interna do punho, onde há menor concentração de pelos), ela deve estar conectada ao aterramento. O computador deve estar conectado à tomada (não ligado), se houver, e a pulseira conectada a qualquer parte metálica do gabinete. A carcaça é ligada à fonte, que por sua vez é ligada ao cabo de energia que vai até a tomada. Assim a pessoa estará o tempo todo aterrada, não acumulando carga em seu corpo.

- ⇨ Manta de aterramento. Contendo uma camada de circuito eletrônico no seu interior, conecta-se a um fio que deve ser ligado ao aterramento.
- ⇨ Calcanheira. Uma alternativa aceitável quando o uso de pulseiras é impraticável. É somente usada com um **piso condutivo** (específico para ESD).
- ⇨ Avental. Evita a geração de energia da roupa em atrito com o ar.
- ⇨ Ionizador de ar. Emite cargas de elétrons a fim de neutralizar as cargas positivas e negativas do ambiente. Fisicamente se parece com um ventilador de ar.

Observe que a maioria dos caminhões circula com uma corda, que se arrasta pelo chão, presa à carroceria. Como o veículo está isolado por pneus de borracha, há um acúmulo de carga elétrica, sendo então a descarga feita por meio dessa corda.

Existem muitas "histórias" de prevenção da ESD. Por exemplo, para evitá-la a pessoa deve tocar num objeto metálico, ou numa janela, por 10 segundos. Isso pode até amenizar de alguma maneira a carga, mas nada substitui a descarga por meio do aterramento. O que se pode fazer é trabalhar com sapatos de solado de borracha para dificultar o acúmulo de energia no corpo.

Conectar a pulseira antiestática em janelas, fivelas de cintos e dentro de vasos de plantas não garante proteção. Afinal de contas, em nenhum desses exemplos há o devido aterramento.

Vale lembrar que nunca se deve retirar qualquer tipo de sujeira da placa utilizando escovas de dentes ou pincéis com cerdas de náilon, pois o simples atrito com esses objetos gera carga. Portanto, procure utilizar pincéis com cerdas de pelo de animal.

Outra maneira de evitar possíveis danos com ESD é ficar atento ao manuseio de placas. O manuseio deve ser feito sempre pelas extremidades das placas, onde não costuma haver nenhuma trilha de cobre utilizada para comunicação da placa. Em hipótese nenhuma procure armazenar ou transportar uma placa em cima da outra, porque o atrito entre elas também pode gerar ESD.

Um exemplo bastante comum em lojas não especializadas do que não deve ser feito é o armazenamento de placas empilhadas e presas com um elástico, o qual nesse caso pode gerar alguma carga também.

Para evitar riscos, procure utilizar embalagens com blindagem estática. Normalmente acinzentadas, elas estão disponíveis em forma de sacos ou materiais laminados e possuem camadas metálicas condutivas blindadas para proteção direta de ESD e campos de tensão eletrostática. Elas protegem o material da umidade e são reutilizáveis.

Dicas:
- Nunca utilize qualquer tipo de embalagem, principalmente plástica, para transportar placas e componentes eletrônicos. Isso pode acabar danificando o material, em vez de protegê-lo.
- Caso o componente esteja acondicionado em saco plástico, ou mesmo não tenha embalagem, evite comprá-lo. Seu funcionamento pode ser duvidoso.
- Remova a embalagem das placas somente quando for utilizá-las.

Teste de fonte utilizando multímetro

Não conseguimos fazer um teste de fonte preciso utilizando o multímetro, pois sempre que colocarmos uma fonte de impressora na tomada e realizarmos o teste, os valores apresentados serão maiores que o valor nominal da fonte. Por exemplo, uma fonte de 30 V DCV conectada à tomada apresenta em média 39 V DCV, pois ela não está conectada à placa lógica, que faz com que a fonte trabalhe com seu valor real.

Mas é útil fazer o teste, pois sabemos que sempre vamos obter um valor acima do valor real, e, caso isso não aconteça, podemos concluir que a fonte apresenta problemas.

Mesmo sabendo que os fabricantes de impressoras não recomendam o teste de fonte, vamos mostrar como fazê-lo.

Posicione o seletor do multímetro na posição adequada.

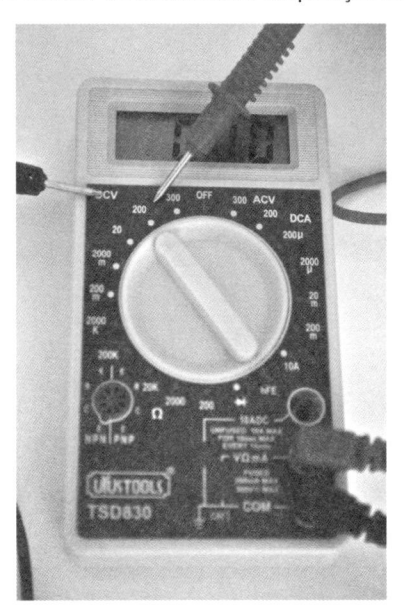

Veja abaixo a foto de uma fonte.

Na imagem a seguir, há uma demonstração de teste de fonte, em que se verifica somente a passagem de energia. O positivo, nesse exemplo, fica no lado direito e o negativo, no centro.

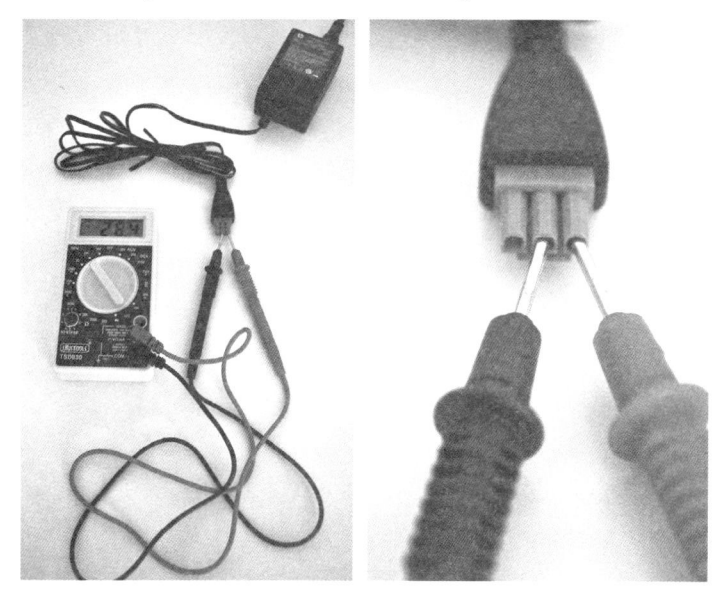

Dessa maneira você consegue saber pelo menos se a fonte está passando energia e quanto, aproximadamente.

Abrindo a impressora

6

Em linhas gerais, antes de abrir qualquer impressora, é necessário verificar onde ficam os parafusos e, em alguns casos, se existem travas que a mantêm fechada.

A dica é tirar os parafusos primeiro e então verificar se existe alguma trava.

Antes de começar, sempre remova os cartuchos de tinta para que eles não vazem no momento da desmontagem.

Como exemplo, utilizaremos uma HP Deskjet 1000, como mostra a foto abaixo.

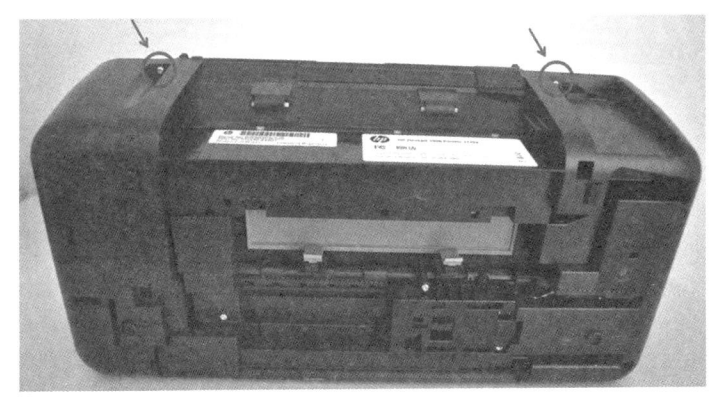

Guia prático de manutenção de impressora a jato de tinta

Retire os parafusos aparentes, buscando somente os que estiverem prendendo a carcaça da impressora. Os parafusos que estiverem fixando peças menores não precisam ser removidos nesse momento.

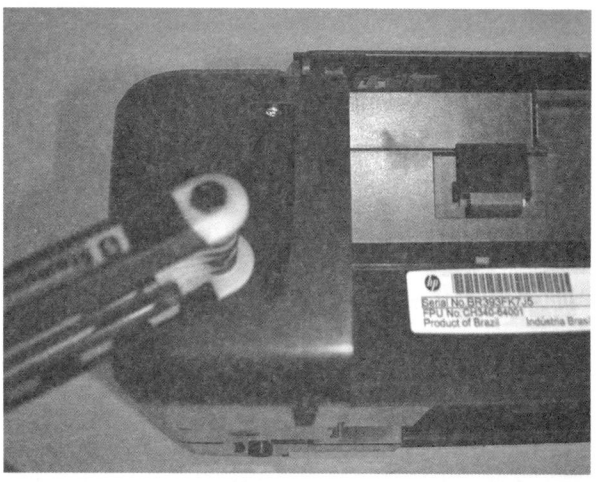

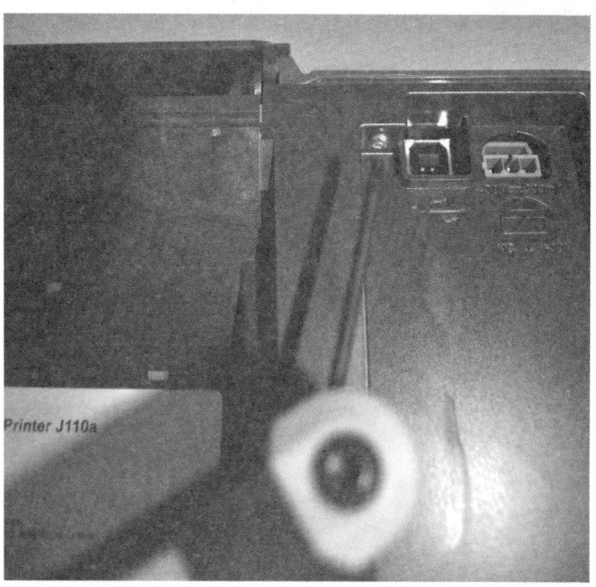

Abrindo a impressora

Procure ainda organizar os parafusos de acordo com a parte específica que estiver desmontando. Isso auxiliará no momento da remontagem.

Abra as bandejas para verificar se há outros parafusos que estejam prendendo a carcaça. Se necessário, retire-a para facilitar o processo de remoção dos parafusos.

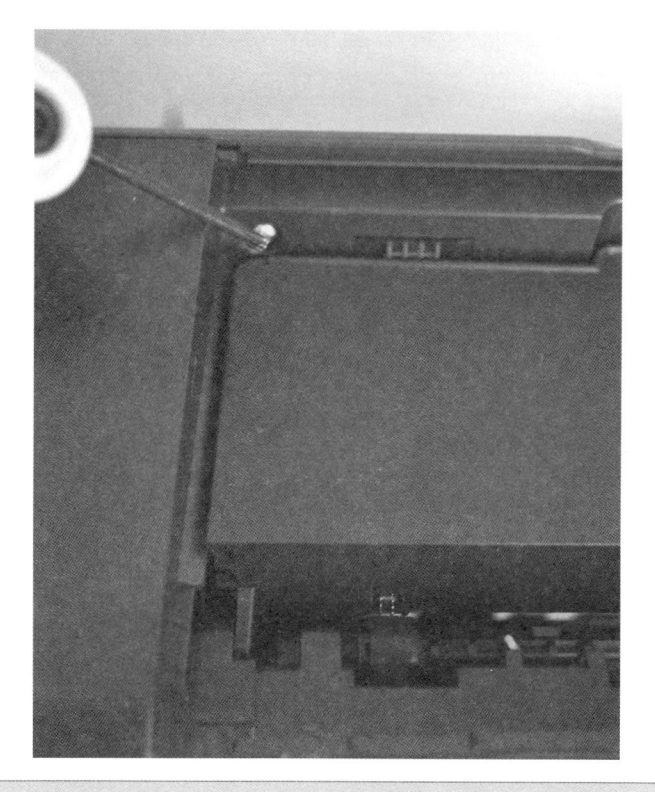

Atenção:

⊃ Cuidado ao remover a bandeja para não quebrar as travas de plástico. Utilize uma chave de fenda fina, de modo que não risque ou danifique a impressora.

As fotos a seguir mostram a remoção da bandeja superior de papel.

Abrindo a impressora

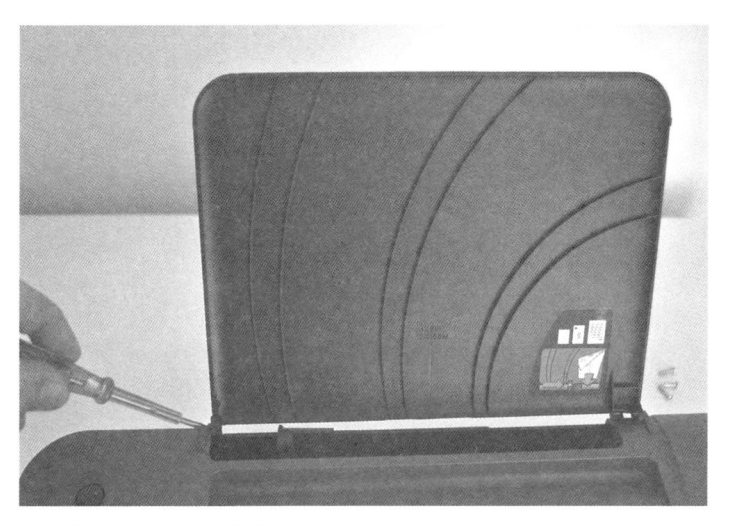

Note que, no caso da HP Deskjet 1000, há duas travas na tampa superior, uma de cada lado.

Tenha cuidado ao desprender a tampa para não danificar essas travas. A abertura é feita com uma leve pressão da chave afastando a trava para a lateral oposta à que você estiver removendo a tampa.

Guia prático de manutenção de impressora a jato de tinta

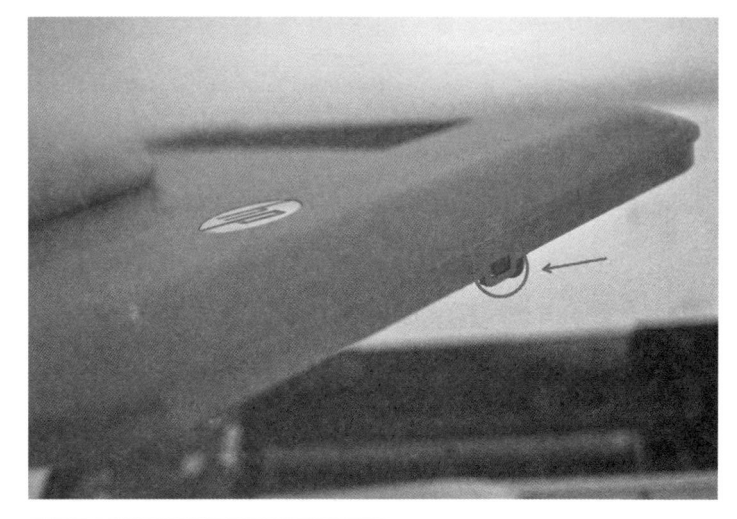

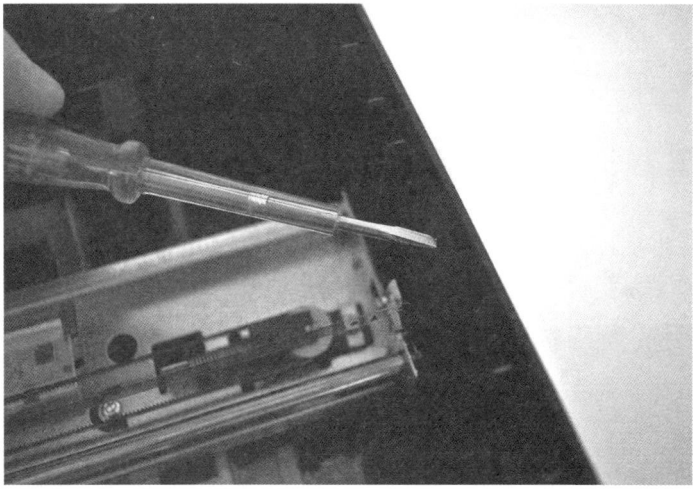

Finalmente, a impressora está aberta e pronta para a manutenção.

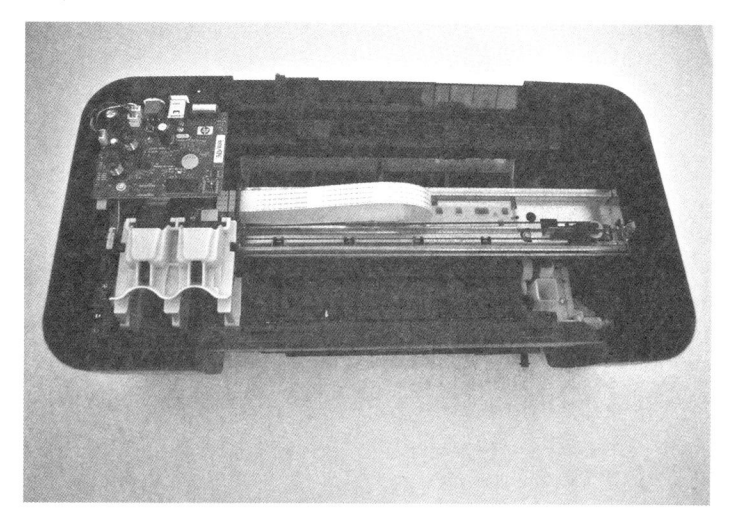

Removendo a placa lógica da impressora

Antes de mostrar como se faz a remoção, é importante destacar que problemas ligados a essa placa principal da impressora podem inviabilizar a manutenção pelo seu custo. Por isso os fabricantes recomendam a substituição e não o reparo de parte dela.

Um desses problemas pode ser o não funcionamento da saída USB. Nesse caso, é importante testar mais de um cabo e garantir que o driver de instalação esteja funcionando corretamente no computador. Outro problema é o fato de a impressora não estar ligando. Quando isso acontecer, antes de tudo, certifique-se de que há energia elétrica na tomada e que a fonte foi devidamente testada.

Remova os cabos que alimentam as placas auxiliares e os motores.

Depois, retire os cabos flat com cuidado para não danificar os próprios cabos ou a conexão.

Removendo a placa lógica da impressora

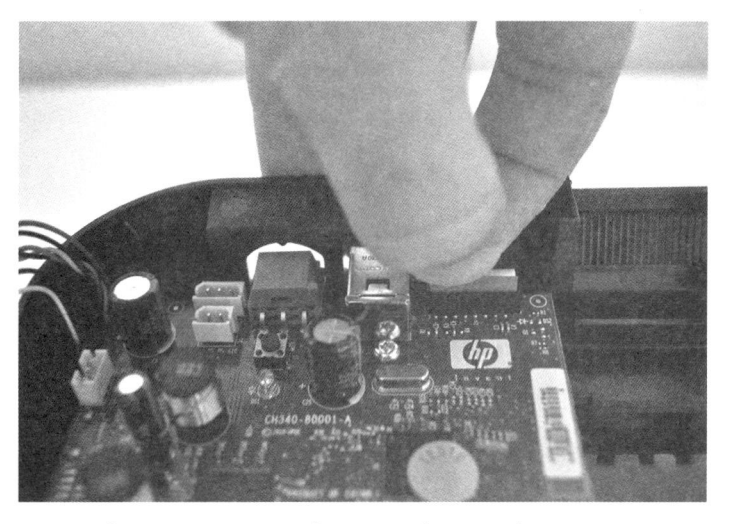

Por fim, remova os parafusos que fixam a placa.

Veja abaixo as fotos da placa lógica fora da impressora.

Funcionamento das placas auxiliares e dos sensores

A impressora possui uma placa na qual se concentram os sensores. Em linhas gerais, essa placa tem a função de identificar a existência de papel e a abertura da tampa. Aqui, a placa em si não costuma apresentar problemas, porém a remoção incorreta de papel, no caso de atolamento, pode desalinhar ou danificar alguma parte plástica que garante o funcionamento dos sensores.

Veja abaixo onde fica a placa auxiliar com o sensor das tampas da impressora HP Deskjet 1000.

A seguir, você pode ver a placa já removida, a qual estava fixa somente por dois parafusos.

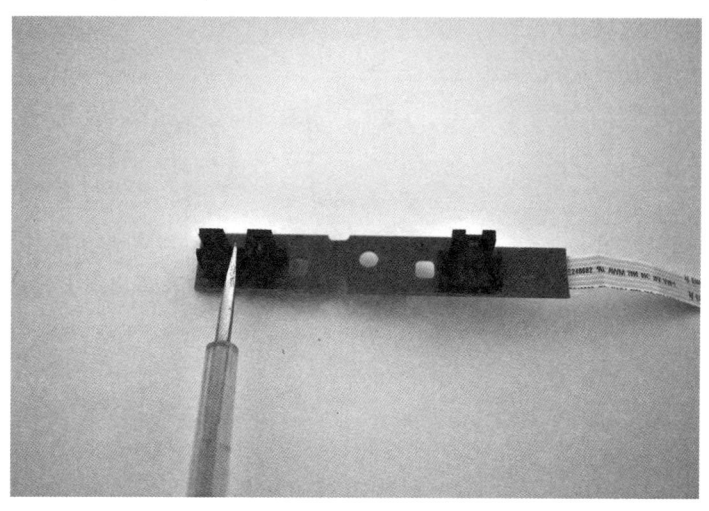

Esse sensor funciona como emissor e receptor de luz. Assim, quando há uma interrupção (na foto, essa interrupção está demonstrada pela ponta da chave de fenda, porém na impressora é feita por uma peça plástica), ele manda um sinal que avisa que a tampa está aberta.

Manutenção preventiva e algumas manutenções corretivas possíveis

Mais de 90% dos problemas em impressoras a jato de tinta estão relacionados a sujeira. Assim, tais problemas podem ser facilmente resolvidos com uma boa limpeza, elemento fundamental de manutenção preventiva.

Para realizar a limpeza, primeiro abra a impressora conforme mostrado anteriormente.

Dica:
➲ As peças plásticas externas da impressora podem ser lavadas com detergente kernite. Evite outros tipos de detergente, como o de cozinha, que podem ter efeito danoso às peças.

Fita codificada

Para proceder à limpeza da fita codificada, você deve removê-la, lembrando que ela é presa pelas extremidades. Depois de solta, cuidado ao puxá-la, pois ela fica presa atrás do carro de impressão. Essa fita é responsável por posicionar o carro de impressão no local correspondente na folha de papel.

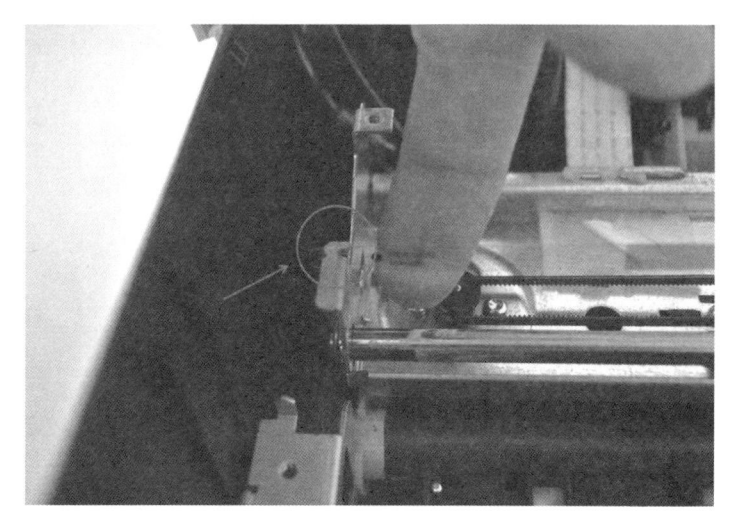

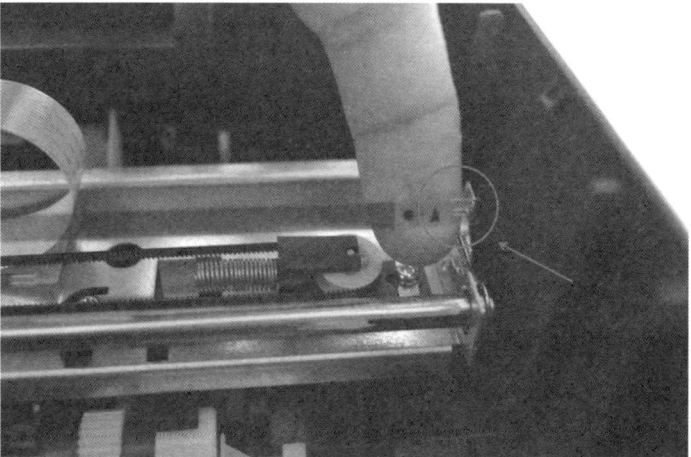

Um erro comum é o posicionamento incorreto do carro no momento da impressão, dificultando a conclusão de desenhos por desalinhamento.

Veja abaixo a fita fora da impressora.

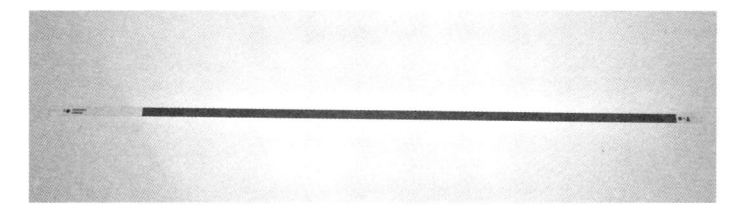

Para limpá-la, basta utilizar uma flanela umedecida com álcool isopropílico.

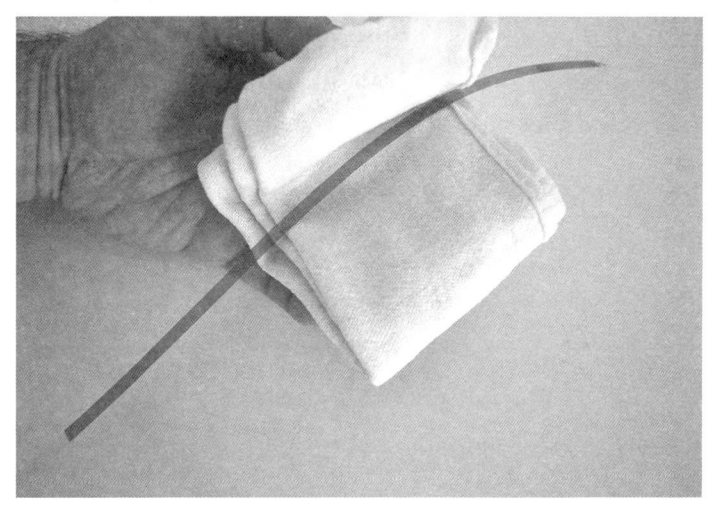

Eixo principal

É bastante comum haver grande acúmulo de sujeira no eixo, o que dificulta a locomoção do carro de impressão. Por estar geralmente lubrificado, ele acaba atraindo poeira com maior facilidade.

Abaixo você pode conferir o que é o eixo.

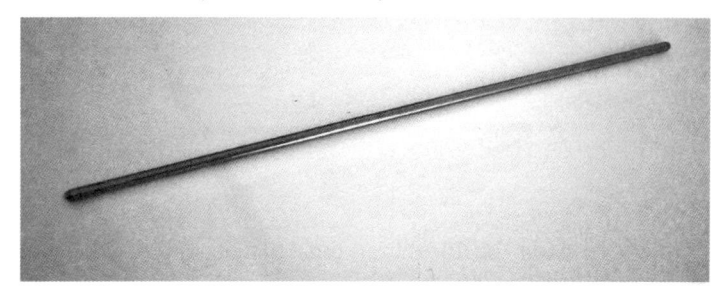

Para removê-lo, primeiramente observe que há duas molas e duas travas, uma de cada lado. É necessário retirá-las para que o eixo possa ser removido por completo do carro de impressão, conforme demonstrado nas fotos a seguir:

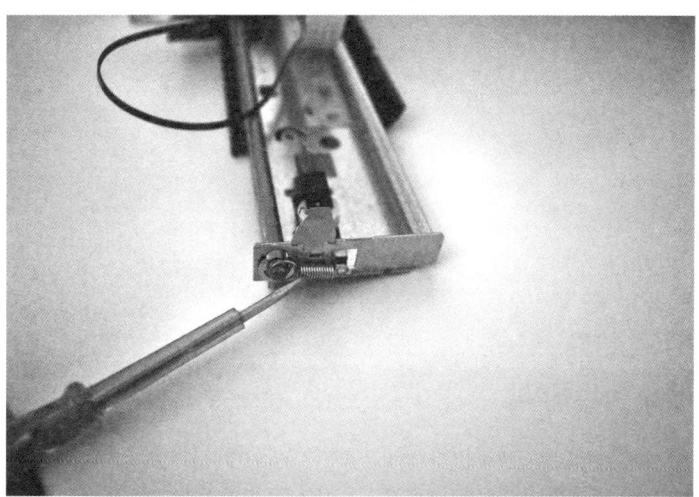

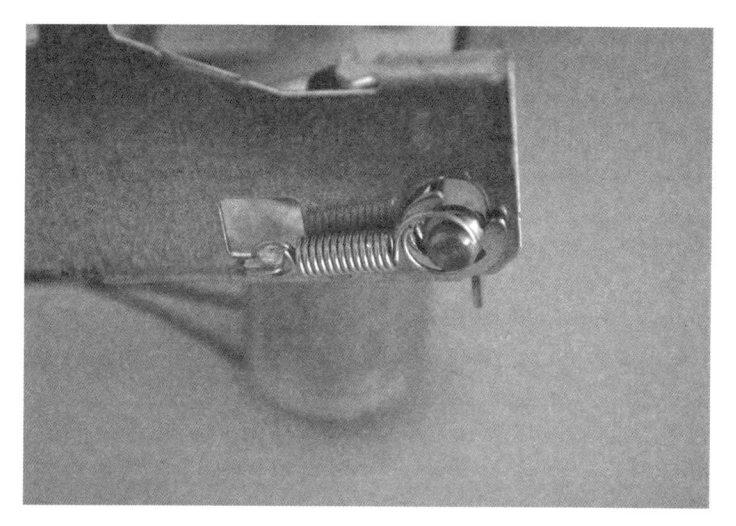

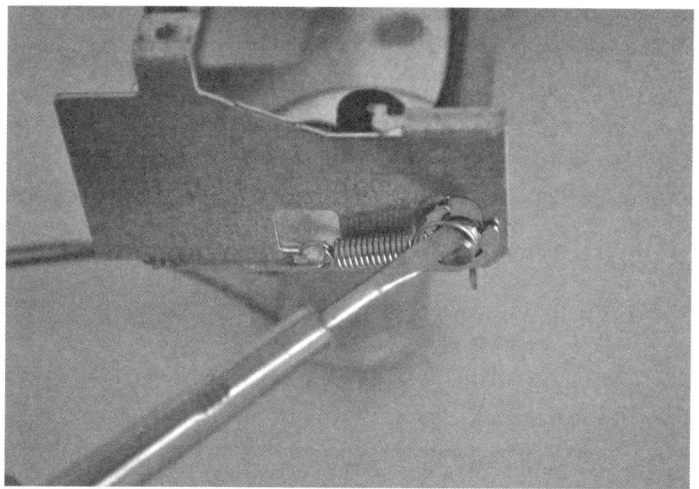

Manutenção preventiva e algumas manutenções corretivas possíveis

Observação:

◯ Para facilitar a retirada do eixo, dependendo do modelo da impressora, é recomendável a remoção de todo o módulo no qual estão o carro de impressão, a correia e o eixo. No caso da impressora HP Deskjet 1000, a remoção é feita soltando os parafusos destacados a seguir (lembrando que o flat cable do carro de impressão já foi desconectado no momento da remoção da placa lógica).

Manutenção preventiva e algumas manutenções corretivas possíveis

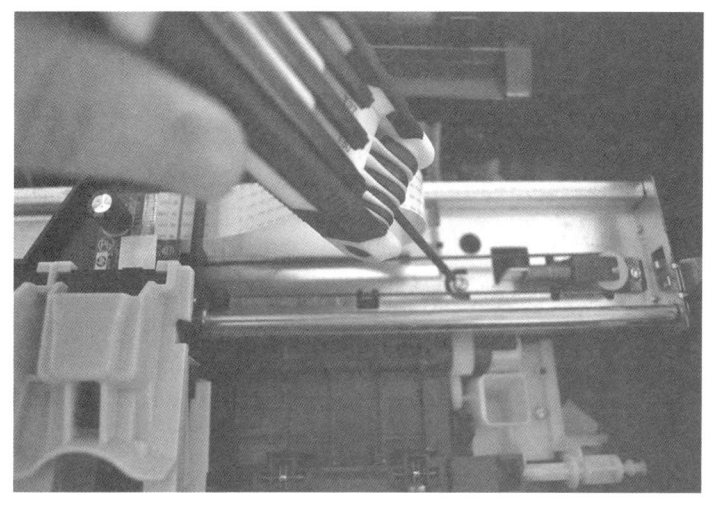

Após a remoção do eixo, limpe-o, como recomendado na fita codificada, utilizando a flanela e o álcool isopropílico.

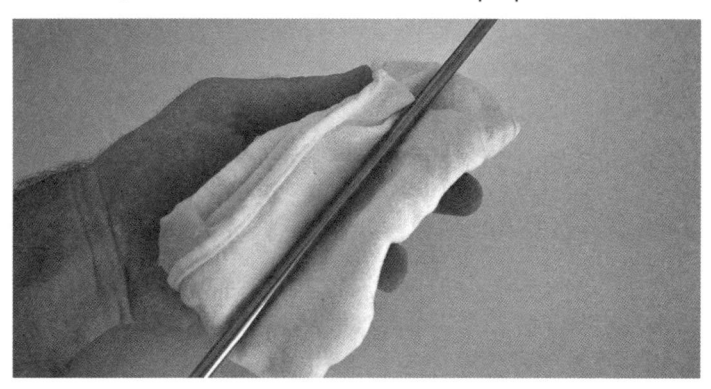

Quando remontar a impressora, será necessário lubrificar o eixo, colocando de uma a duas gotas de óleo lubrificante em cada extremidade, deixando de forma que, ao entrar em funcionamento, o carro de impressão lubrifique toda a extensão do eixo.

Correia do carro

Ainda falando em manutenção preventiva, vale a pena checar o estado da correia do carro.

Abaixo é possível conferir o que é a correia.

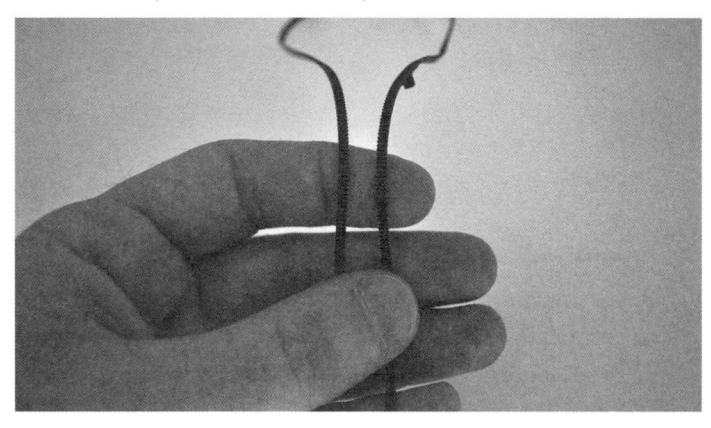

Note que a correia mostrada na foto está em perfeito estado de conservação, portanto não é preciso substituí-la.

Após inspecionar a correia e detectar a necessidade de substituição, observe que, no caso da HP Deskjet 1000, há uma trava específica sobre ela, no carro de impressão, que precisa ser removida, soltando-a das roldanas. Veja as fotos abaixo:

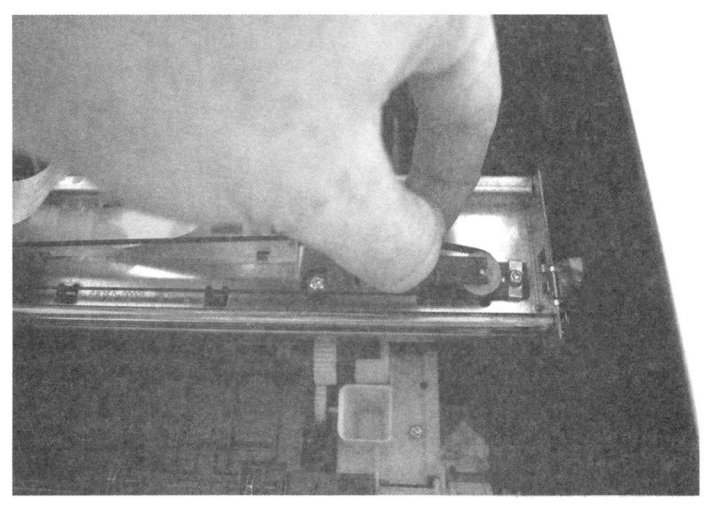

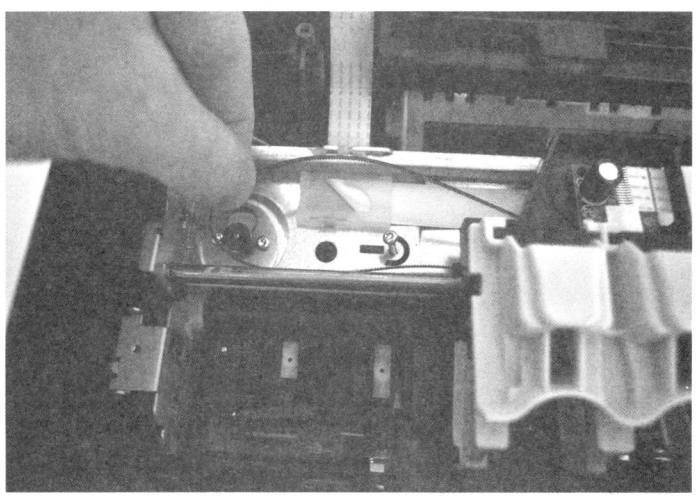

Para removê-la, uma vez que todo o módulo do carro de impressão, com o eixo e a fita codificada, já foi extraído da impressora, basta retirar o carro de impressão da guia.

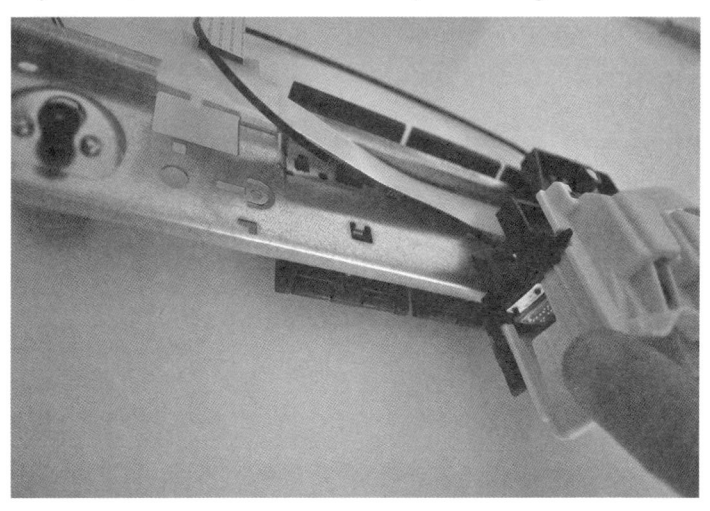

E, depois, retirar do carro de impressão.

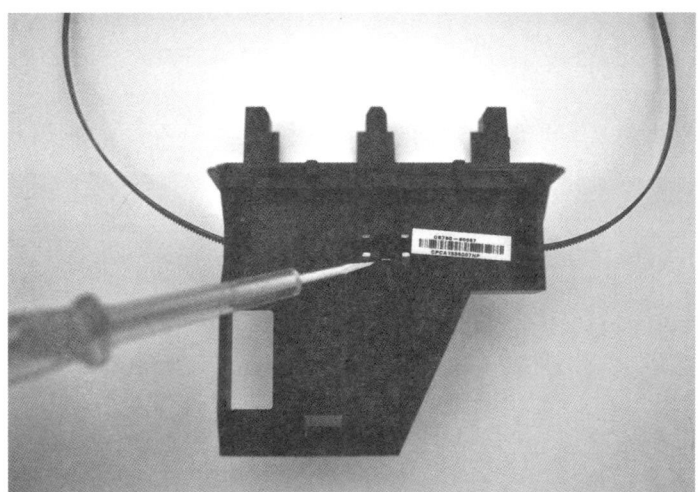

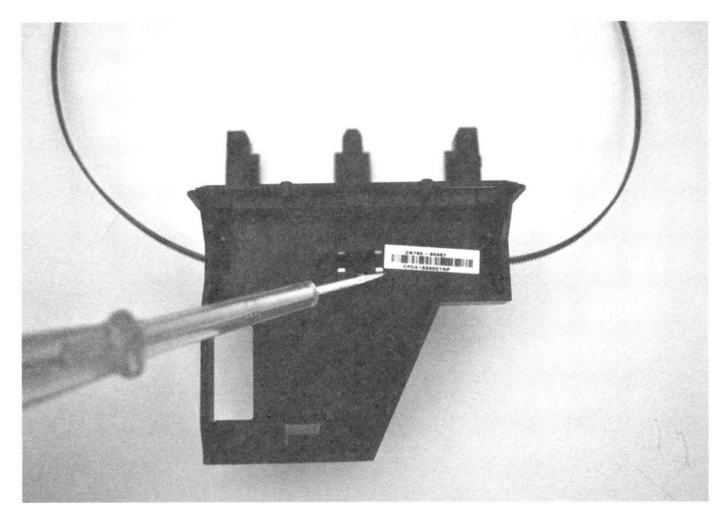

Manutenção preventiva e algumas manutenções corretivas possíveis

Agora, a trava da correia pode ser removida, conforme mostra a foto a seguir.

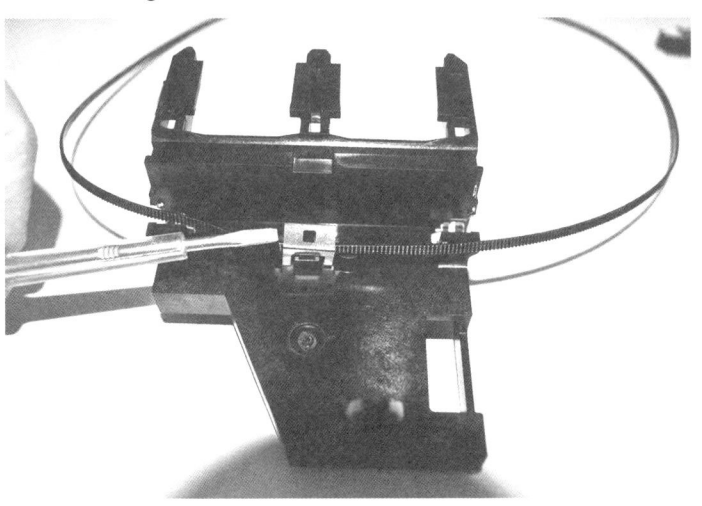

Pronto, a correia está totalmente solta para substituição, se necessário.

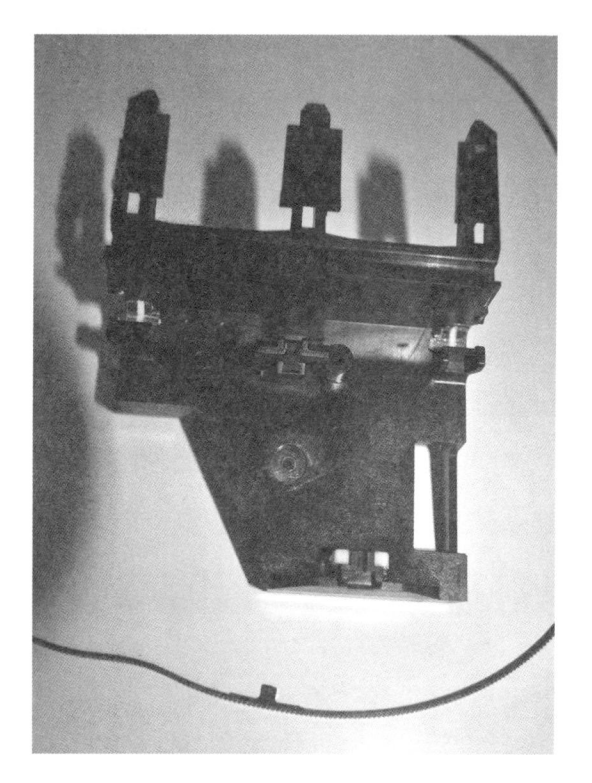

Flat cable

Um problema que não é comum, mas pode acontecer, é a queima do flat cable do carro de impressão, que reconhece os cartuchos e realiza todo o processo de impressão.

Veja a seguir o flat cable e a placa que controla todo esse processo. E, em destaque, o flat, que reconhece os cartuchos.

Manutenção preventiva e algumas manutenções corretivas possíveis

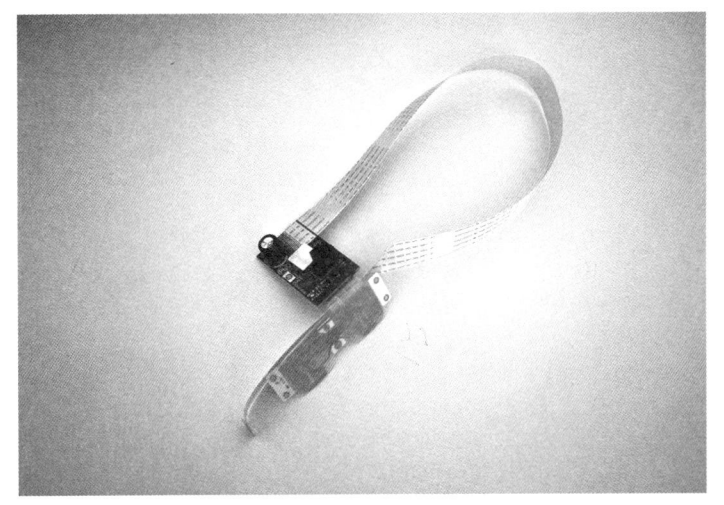

Em termos de manutenção preventiva, é necessário limpar os contatos com algodão (podendo usar hastes com algodão nas pontas) e álcool isopropílico.

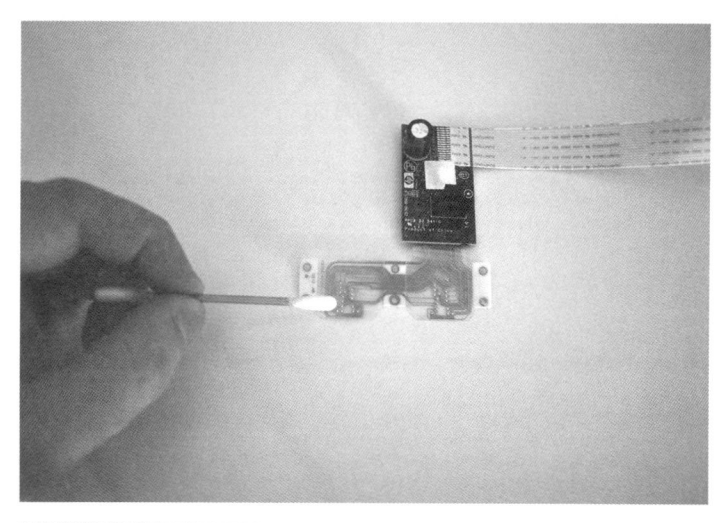

Essa limpeza pode ser feita sem a necessidade de desmontar todo o carro de impressão, conforme demonstra a figura abaixo.

Note que, nesse caso, a impressora está totalmente montada, bastando apenas retirar os cartuchos e deixar o carro posicionado no centro do eixo.

> **Dica:**
> ⊃ Se a impressora estiver desligada, o carro de impressão estará travado na service station, portanto uma sugestão é abrir a tampa como se fosse trocar os cartuchos, removê-los e então desligar a impressora. Isso deixará o carro solto e disponível para tal limpeza.

Caso haja a necessidade de substituição do flat cable, será preciso desconectar o suporte dos cartuchos. Na impressora que estamos utilizando como exemplo, há três travas plásticas que precisam ser desencaixadas. Veja as fotos a seguir.

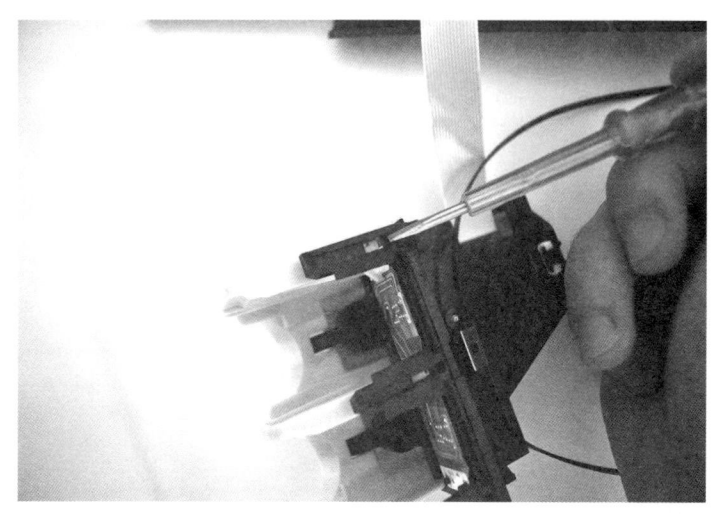

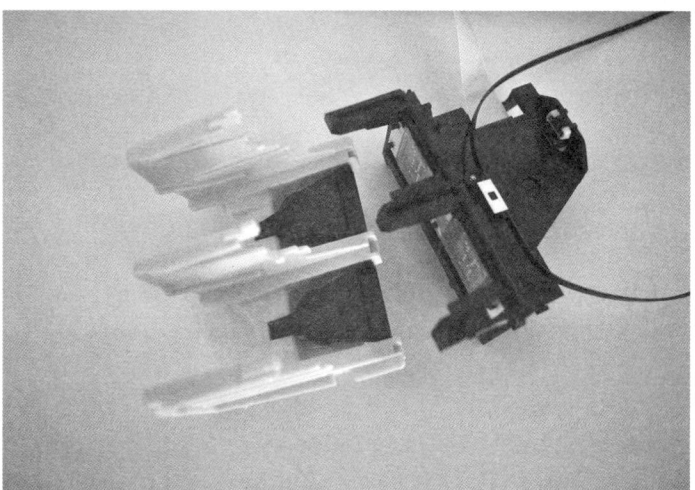

Service station

Por fim, outro ponto da impressora que frequentemente apresenta problemas e que deve ser verificado em toda manutenção preventiva é a service station. Basicamente essa estação tem a função de acomodar os cartuchos quando a impressora está parada e vedar a saída de tinta para evitar o ressecamento do cartucho e das espumas responsáveis por remover os excessos de tintas, impedindo a formação de borrões nas páginas durante a impressão.

Como é bastante comum as espumas se encharcarem de tinta, pode haver a necessidade de substituí-las, além de lavar toda a peça para remover a tinta existente.

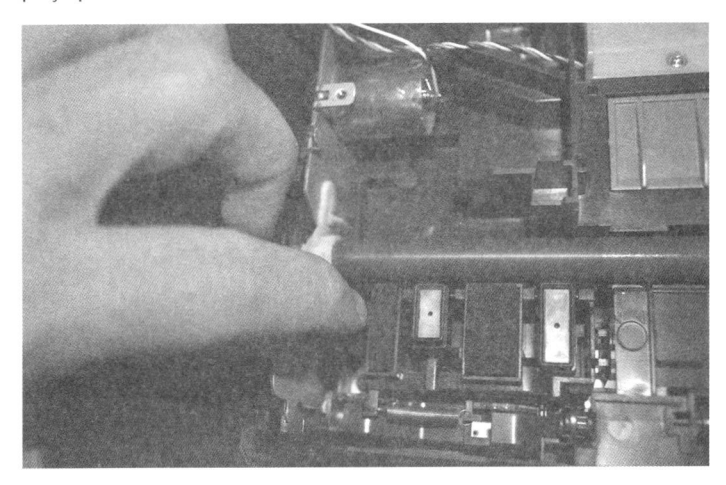

Para retirar a espuma, solte a mola que a prende, conforme ilustra a foto a seguir.

Solte também as quatro travas que a prendem. Muito cuidado para não quebrar nenhuma delas, pois a ruptura pode ocasionar falha no funcionamento da impressora.

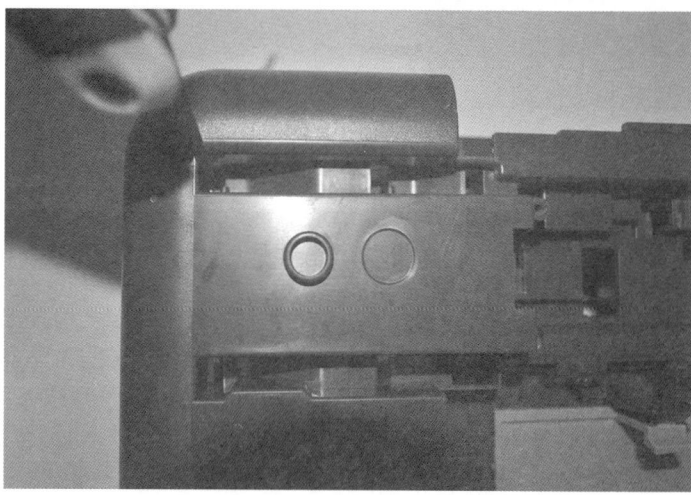

Manutenção preventiva e algumas manutenções corretivas possíveis

Vale ressaltar que cada impressora a jato de tinta tem o seu mecanismo e o processo de remoção varia de modelo para modelo. Portanto, é necessário verificar a peça e entender o seu mecanismo para então fazer a remoção com segurança.

Mais um erro comum

Para finalizar este capítulo, contemplamos um dos erros mais comuns em uma impressora: quando ela não detecta a existência de papel. Nesse caso, talvez haja um problema no sensor, que funciona da mesma forma que o sensor da tampa (por meio ótico e conforme mencionado anteriormente).

Na impressora em questão, ele fica na parte inferior.

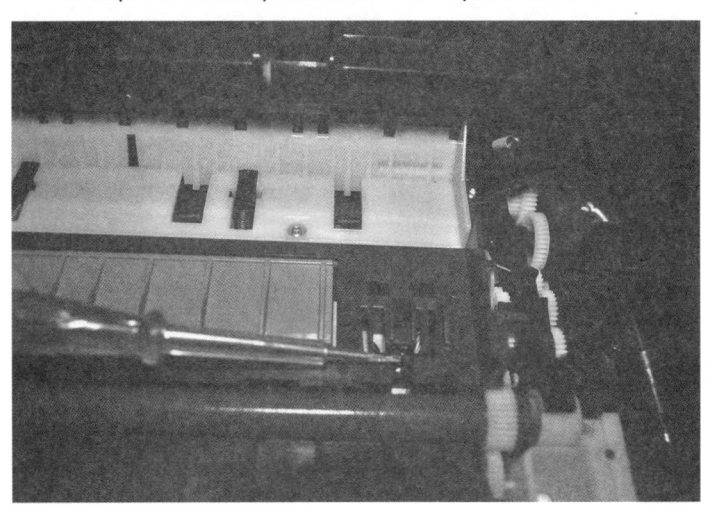

Para acessar e substituir o sensor, é necessário remover a tampa protetora na parte inferior dela, conforme mostra a foto a seguir.

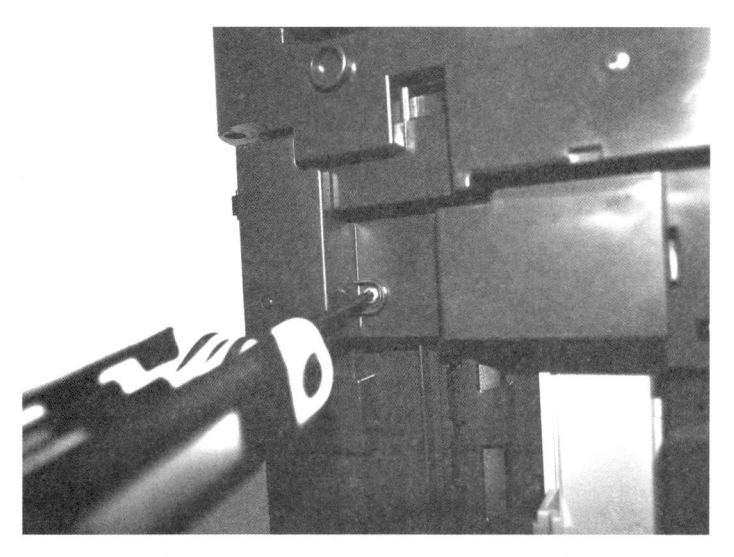

Manutenção preventiva e algumas manutenções corretivas possíveis

Retire-o da impressora e substitua-o, se necessário.

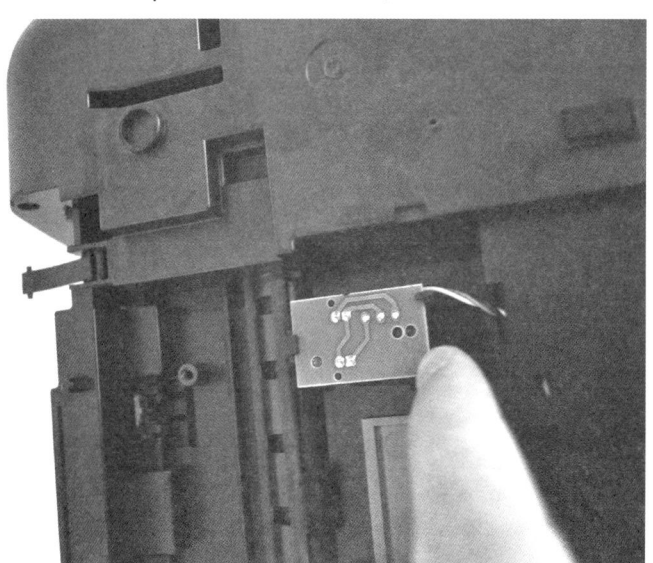

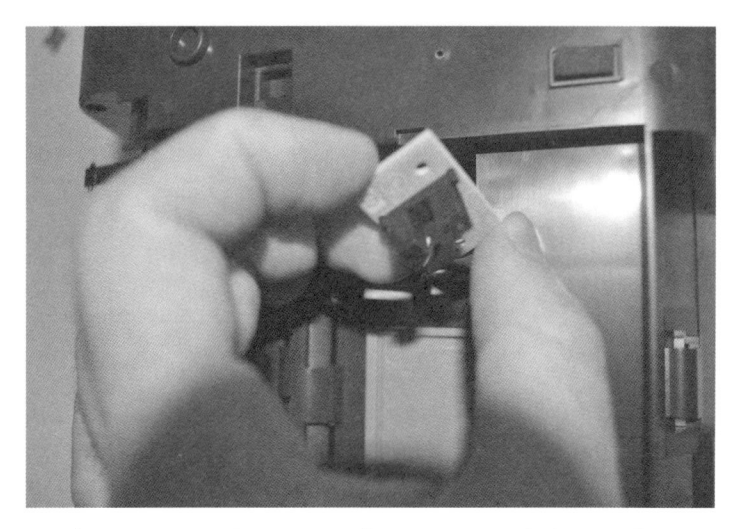

Ao remontar a impressora, faça um teste de impressão para verificar se não há nenhum ruído anormal e se a qualidade de impressão está perfeita.

Se houver alguma anomalia, procure identificar em qual parte há ruídos e verifique se todas as peças foram montadas corretamente e se os parafusos foram devidamente apertados.

Excesso de uso

Toda impressora possui uma autonomia de "x" páginas impressas por mês. Esse número pode ser conferido no manual do usuário da impressora. Por exemplo, a impressora HP 692 pode imprimir até 1.500 páginas por mês.

Muitos usuários ultrapassam esse número, comprometendo o funcionamento da impressora. Consequentemente, a graxa das guias de movimentação do carro de impressão simplesmente acaba, por excesso de funcionamento. Quando isso ocorre, dois sintomas aparecem:

1. **Ruído**. O carro de impressão apresenta ruído acima do normal em sua movimentação, já que há mais atrito em suas guias.
2. **O carro trava**. Sem graxa, o carro de impressão pode travar, ou seja, não se movimentar corretamente.

   Nas impressoras normalmente se utiliza uma graxa branca ou um óleo específico. Na falta desses produtos, você pode usar vaselina, tomando o cuidado para limpar antes as guias cilíndricas do carro de impressão com um pano embebido em álcool isopropílico, a fim de retirar totalmente resíduos de graxa porventura existentes.

Observação: Não se deve usar graxa nos eixos das impressoras Epson, pois elas já vêm com lubrificação de fábrica feita em anéis grafitados. A graxa leva à acumulação de poeira, desgastando todo o mecanismo de tração do carro. A lubrificação dessas impressoras deve ser feita, portanto, com grafite.

O caso extremo é a queima do motor de movimentação do carro de impressão, que pode acontecer quando ele trava e o usuário tenta forçar a impressão de documentos. Nesse caso, a única solução é a troca do motor. Quando o problema ainda não chegou a esse ponto, podemos resolvê-lo lubrificando as guias do carro de impressão e alertando o usuário sobre o que a sua atitude pode causar. Talvez convenha sugerir a ele a aquisição de uma impressora que possua uma autonomia de maior número de cópias por mês.

Para saber qual é a autonomia de cada impressora, consulte o fabricante pela página da internet ou pelo Serviço de Atendimento ao Consumidor (SAC).

Problemas com papel

11

Um problema muito comum é o fato de a impressora "puxar" mais de uma folha de papel por vez. Isso ocorre por causa da umidade acumulada no papel.

Alguns conselhos em relação ao papel utilizado em impressoras a jato de tinta:

- ⇨ Utilize, de preferência, somente papel recomendado para impressoras a jato de tinta. Esse tipo de papel não é mais caro que o papel comum; na sua embalagem vem claramente especificado que o uso é recomendado para impressoras a laser e a jato de tinta.
- ⇨ Não guarde papel na impressora. Muitos usuários têm o péssimo habito de deixar o papel na própria impressora durante vários dias.
- ⇨ Antes de imprimir, ventile as folhas para evitar que a impressora puxe mais de uma folha por vez. Isso pode ser feito balançando a resma de papel, deixando circular ar entre as folhas. Não é necessário soprar entre as folhas para fazer essa ventilação.

Problemas mecânicos

Vimos que o carro de impressão pode travar e que a impressora pode não puxar o papel. Em geral, esses problemas ocorrem por culpa do próprio usuário, que, por exemplo, pode acidentalmente deixar cair corpos estranhos dentro da impressora.

Desmontando a impressora, não é raro encontrarmos clipes de papel prendendo o mecanismo, etiquetas presas em guias e pedaços de papel no carro, além de vazamento de tinta. Todos esses problemas têm solução simples. Em geral a impressora volta a funcionar perfeitamente após a retirada desses corpos estranhos. Porém, em alguns casos, engrenagens podem se partir, sendo necessária sua substituição.

Outro problema comum é o carro de impressão que "bate", ou seja, movimenta-se com força e alta velocidade, literalmente se chocando nos batentes existentes no fim do curso de suas guias. Geralmente isso se deve a dois motivos:

1. **Sujeira na fita.** Em impressoras HP, a posição do carro de impressão é controlada pelo encoder (fita codificada), existente entre a guia do carro e a polia (correia dentada) de movimentação do carro. Frequentemente essa fita se suja

– muitas vezes com a tinta que vazou dos cartuchos. Basta, então, limpá-la com um pano embebido em álcool isopropílico que o problema é resolvido.

2. **Sensor de fita de curso danificado.** Existe um sensor na posição "coluna 0" que indica ao circuito da impressora que o carro já chegou ao final de seu curso (totalmente à esquerda). Em geral é um sensor ótico que pode estar danificado.

Outros problemas mecânicos em geral podem ser detectados e identificados simplesmente abrindo-se a impressora e observando como deveria ser o seu funcionamento normal.

Outros problemas: trocando peças

Detectou algum problema eletrônico ou mecânico na impressora? Independentemente do tipo do problema, há algo a questionar: como e onde conseguir peças?

As peças geralmente são encontradas somente em assistências técnicas autorizadas. Em muitas delas você pode até conseguir comprar peças avulsas, em vez de todo o conjunto. A grande questão é perguntar-se se vale a pena.

Muitas vezes o preço de uma nova placa lógica de impressora quase corresponde ao de uma impressora nova.

A saída encontrada pela maioria dos técnicos é fazer estoque de sucata de impressoras, ou seja, guardar impressoras que foram descartadas para o reaproveitamento de suas peças em outras impressoras.

Em muitos casos, você precisará de uma impressora que funcione para trocar peças com a impressora defeituosa, a fim de identificar corretamente o defeito.

Impressora a laser

Apesar de o foco deste trabalho ser as impressoras a jato de tinta, não podemos deixar de citar as impressoras a laser.

Para expor detalhes quanto ao funcionamento e à manutenção das impressoras a laser, seria preciso um livro à parte. Porém, trataremos minimamente de alguns tópicos para o entendimento desse tipo de equipamento.

Diferentemente da impressora a jato de tinta, a impressora a laser não usa tinta líquida, e no processo é utilizado um laser que cria uma carga eletrostática no papel, expelindo pó na área de impressão. A palavra LASER vem de Light Amplification by Stimulated Emission of Radiation – amplificação da luz por emissão estimulada de radiação. É o nome dado a uma fonte de luz de comprimento de onda específico e que concentra o feixe em um único ponto.

Uma das grandes vantagens desse processo é a autonomia do toner: com ele é possível imprimir um volume muito maior de páginas, em comparação ao volume de páginas oferecido pelo cartucho de tinta. Para se ter uma ideia, há toner com autonomia superior a 1.500 páginas. Vale ressaltar que o preço do toner é muito maior que o do cartucho, porém, se calculado o custo por página, o toner acaba sendo mais barato.

Cabe destacar também que existem modelos que produzem impressões coloridas, não somente as monocromáticas.

Outra vantagem importante é a velocidade de impressão, que também costuma ser superior à das impressoras a jato de tinta.

Todos esses benefícios fazem com que esse tipo de equipamento seja o preferido no mundo corporativo.

Mesmo assim, existem algumas desvantagens nesse tipo de impressora, tais como:

⇨ custo elevado do equipamento;

⇨ necessidade de manutenção e substituição de peças (engrenagens) a cada ciclo de impressão, por exemplo, 20 mil impressões. Parece muito, mas, em um ambiente corporativo, esse número pode ser atingido rapidamente.

Funcionamento lógico da impressora

As impressoras a laser formam imagens por um processo complexo resultante de atividade de luz, eletricidade estática, química, pressão e calor, tudo gerido por um conjunto eletromecânico. O funcionamento desse complexo equipamento depende dos seguintes componentes: carregador eletrostático, lâmina de limpeza, drum, lâmpada de apagamento, mecanismo de escrita LED ou laser toner, fio corona de transferência e conjunto fusor.

Um problema em qualquer uma dessas partes pode comprometer o resultado final de impressão. O drum é a parte principal do sistema de formação de imagem (SFI). Ele é constituído por um cilindro de alumínio extrudado, coberto por um composto de origem orgânica chamado Organic Photoconductive Chemical (OPC), que tem características fotocondutivas, isto é, conduz eletricidade quando exposto à luz. Tal composto lhe confere um aspecto esverdeado. O drum recebe a imagem com a agregação do toner e a transfere para o papel. Porém, a formação da imagem não se encerra por aí; ela ainda precisa passar por outras etapas para concluir o SFI. Especificamente há outras sete etapas para a conclusão de todo o processo: carga eletrostática, limpeza, gravação da imagem, revelação, transferência, descarga e fusão.

Impressoras multifuncionais

Também conhecidas como "all-in-one" (tudo em um), possuem copiadora e scanner, além do sistema de impressão. Algumas podem ter ainda fax. É importante citar que as impressoras multifuncionais estão disponíveis nas versões a jato de tinta e a laser.

Como o foco deste trabalho são as impressoras em si, não vamos nos ater às demais funções que elas podem incorporar, destacando, porém, que o mecanismo das multifuncionais é o mesmo das impressoras comuns. O que muda em sua estrutura é a adição de componentes eletrônicos e placas para o funcionamento das outras funções. Vale lembrar que os cuidados com a descarga eletrostática devem ser redobrados nesse tipo de equipamento, já que nele há muito mais placas e componentes do que em uma impressora comum.

Funcionamento da impressora a laser

Apesar de o tema ser muito técnico e específico, é importante saber que o sistema funcional da impressora a laser é composto de um sofisticado conjunto eletromecânico, que comporta o cilindro fotossensível, a lâmina de limpeza, a lâmpada de apagamento, o carregador eletrostático, o mecanismo de escrita (que pode ser laser ou LED), o fio de transferência, o toner, como já citamos, e o conjunto fusor.

Um problema em qualquer dessas partes afetará o funcionamento da impressora.

Para iniciar qualquer procedimento de manutenção, é muito importante ter conhecimento técnico e acesso a informações sobre o funcionamento da impressora – as quais podem ser obtidas em manuais do fabricante e/ou na internet –, além de disponibilidade de peças, instrumentos e ferramentas adequadas.

Uma dica para iniciar a manutenção desse tipo de impressora, após a sua desmontagem, é identificar e isolar o setor que está apresentando problema, pois é muito provável que, ao identificar o que realmente apresenta defeito, fazendo a substituição ou o ajuste da peça ou parte, ela voltará a funcionar. Claro que pode haver mais de uma parte ou um componente com problema, mas, ainda assim, o método de isolamento é o mais indicado para obter êxito em qualquer tipo de manutenção.

Sete problemas mais comuns em impressoras a laser

1. O toner não imprime ou a impressão fica manchada.
   - ⇨ Pode ter vazado pó do toner na impressora. É recomendada a limpeza da máquina.
   - ⇨ O conjunto de fusão pode estar danificado. A solução é substituir o fusor. A unidade fusora é considerada um item com validade e pode ser substituída.
   - ⇨ O toner pode estar danificado. Basta substituí-lo e ver se isso corrige o problema.
2. Atolamento de papel.

   Esse é um dos problemas mais comuns em impressoras a laser e pode ser provocado por:
   - ⇨ Tipo de papel incorreto. Utilize, então, o papel recomendado pelo fabricante (essa informação está disponível no manual do equipamento ou no site do fabricante).

⇨ Poeira ou sujeira. Limpe periodicamente a impressora.

⇨ Roletes desgastados. Nesse caso, substitua periodicamente os roletes de papel.

3. Problemas ao imprimir envelopes.

   Os envelopes podem ser um problema nas impressoras a laser. Certifique-se de que o adesivo do envelope (se houver) é capaz de suportar o calor que o fusor utiliza para realizar a impressão. Se os envelopes estiverem saindo enrugados, podem não ser os indicados para esse tipo de impressora.

4. A página impressa, inteira ou em parte, está saindo desbotada.

   Normalmente há dois fatores que podem causar essa falha:

   ⇨ O nível do toner está baixo.

   ⇨ A impressora pode estar com o modo econômico ativado.

   Para corrigir esse problema, você pode tomar as medidas a seguir:

   a) Remova o toner e agite-o. Isso vai redistribuir o produto, resolvendo, muitas vezes, o problema temporariamente. No entanto, geralmente essa falha indica que é hora de instalar um novo toner.

   b) Desative a opção de modo econômico da impressora.

5. Não é possível encontrar um driver para determinado sistema operacional.

   À medida que novos sistemas operacionais são lançados, novos drivers precisam ser carregados para o seu equipamento. O melhor é consultar o manual da impressora ou o site do fabricante para descobrir os drivers compatíveis. Embora nem todas as funcionalidades da impressora estejam disponíveis sob a emulação, ou seja, utilizando os arquivos de configuração do sistema operacional e não do fabricante da impressora, essa opção pode ser utilizada para ter ao menos como utilizar as funções básicas dela. Esse driver emulado é fornecido pelo próprio sistema operacional. Para se ter uma ideia de qual recurso poderia não funcionar com o driver emulado, as impressoras que possuem a função de impressão frente e verso não desempenhariam essa função sem o driver correto e atualizado do fabricante.

6. A impressora não está imprimindo a partir da bandeja desejada.

   Verifique dois lugares para corrigir esse erro:

   ⇨ No computador, verifique o driver de impressão. Se o aplicativo estiver configurado para imprimir na bandeja errada, será necessário reconfigurá-lo clicando em Propriedades da impressora e selecionando a bandeja correta.

   ⇨ Na impressora, certifique-se de que o tamanho do papel indicado no painel de controle coincide com o que está realmente na bandeja.

7. A impressora puxa todo o papel da bandeja de alimentação manual, e não uma folha por vez.

   A almofada responsável por separar o papel provavelmente está desgastada e precisa ser substituída. Também é possível que o papel esteja úmido. Verifique se ele está devidamente armazenado e procure arejá-lo antes de colocá-lo na impressora.

Produtos indicados para a manutenção das impressoras a laser

⇨ Álcool isopropílico – para limpar os sensores óticos;

⇨ Água e detergente neutro – para limpar borrachas e rolos onde passam o papel e as partes plásticas;

⇨ Graxa branca – para limpar as engrenagens plásticas.

> **Importante:**
> ↻ Em hipótese alguma limpe partes elétricas com líquidos. Em engrenagens, não utilize óleos.

Algumas mensagens de erro comuns em impressoras a laser que possuem display

- ⇨ WARMING UP – equipamento inicializando o aquecimento da unidade fusora.
- ⇨ MEM OVERFLOW – excesso de dados enviados pelo computador, os quais a impressora não suporta. É necessário adicionar mais memória, se a impressora permitir.
- ⇨ PAPER JAM – papel atolado dentro da impressora ou problema em algum sensor por onde passa o papel.
- ⇨ TONER LOW – toner terminando ou mal distribuído dentro do seu recipiente.
- ⇨ 52 ERROR – motor danificado.
- ⇨ 50 ERROR – unidade fusora danificada.

Anexos

Apesar de estes anexos se referirem a modelos antigos de impressoras, vale a pena ter acesso a alguns documentos para a solução de problemas, uma vez que ainda há diversos desses modelos em uso no mercado.

1. Defeitos e soluções para a Deskjet 500/500C

DEFEITOS	SOLUÇÕES
Ao ligar, depois de alguns segundos, apagam-se todos os LEDs do painel.	1. Desconectar o motor do carro. Se os LEDs do painel operador permanecerem acesos, o motor do carro está danificado. Ele deve então ser substituído. 2. Permanecendo o defeito, trocar a placa lógica.
Ao inicializar, faz ruído anormal na engrenagem do motor do papel (gear cluster).	1. Mecanismo quebrado – pino que sustenta a engrenagem do motor do papel; efetuar a troca do chassi. 2. Engrenagem de redução do motor do papel quebrada.
Durante a inicialização, o pivot assy não desce.	1. Grampos da estação de trabalho quebrados ou gastos. 2. Engrenagens da estação de trabalho quebradas ou gastas.

Guia prático de manutenção de impressora a jato de tinta

DEFEITOS	SOLUÇÕES
Ocorrem falhas periódicas durante a impressão.	1. Engrenagem de redução do motor do papel quebrada.
Apresenta falha na impressão.	1. Limpar os injetores do cartucho de tinta com um cotonete umedecido com água. 2. Limpar os contatos do cartucho com cotonete umedecido com álcool isopropílico. 3. Testar o cartucho para garantir seu bom funcionamento. 4. Verificar as conexões dos cabos da cabeça na placa. 5. Substituir o carro de impressão. 6. Substituir a placa das cabeças. 7. Substituir a placa lógica.
Não carrega o papel.	Bandeja de carga de papel não sobe: 1. Grampos da estação de trabalho quebrados ou gastos. 2. Engrenagens da estação de trabalho quebradas ou gastas. 3. Engrenagens da estação de trabalho fora de sincronismo. Bandeja de carga de papel sobe: 1. Pivot assy gasto.
Ao ligar, os LEDs "Busy" e "Ready" do painel piscam e o pivot gira por mais de 10 segundos.	1. Papel atolado. 2. Acionador do sensor fora de posição. 3. Placa das cabeças com sensor danificado.
Puxa papel torto.	1. Verificar se os roletes inferiores estão gastos. 2. Verificar se a bandeja de carga do papel está torta. 3. Verificar se não há etiqueta ou resíduo de cola na passagem do papel.
Ao inicializar, o carro bate na lateral esquerda do mecanismo e a impressora fica inoperante.	1. Motor do carro danificado.

Dicas para manutenção da Deskjet 500/500C

⇨ Colocar absorvente de tinta em todas as máquinas que entrarem para manutenção.
⇨ Verificar o pino que sustenta a engrenagem de redução.
⇨ Atualizar a engrenagem de redução do motor do papel.
⇨ Verificar os grampos e as engrenagens da estação de trabalho.
⇨ Refazer a solda no conector AC da placa fonte.

Características da impressora

⇨ Autoteste – Load + Reset. Com o cartucho colorido instalado, o autoteste mostrará somente os injetores de tinta.
⇨ Não tem ajuste eletrônico.
⇨ Não tem ajuste de altura do carro.
⇨ Não indica a necessidade de trocar o cartucho de tinta.

Especificações técnicas

Resolução gráfica: 300 dpi

Velocidade de impressão: modo normal: 4 mpp (min. por pág.) / modo rascunho: 3 mpp

Especificação do papel

Espessura: 60 a 90 g/m^2

Manuseio: bandeja integrada para 100 folhas; os envelopes são alimentados manualmente.

A HP recomenda o uso de papéis e transparências por ela fornecidos. Devem-se fazer testes em caso de suprimento de terceiros.

Durabilidade e uso

Ciclo mensal: 1.000 páginas e 160 gráficos mensais.

2. Defeitos e soluções para a Deskjet 520/550/560

DEFEITOS	SOLUÇÕES
Ao ligar, depois de alguns segundos, apagam-se todos os LEDs do painel.	1. Desconectar o motor do carro. Se os LEDs do painel operador permanecerem acesos, o motor do carro está danificado. Ele deve então ser substituído. 2. Permanecendo o defeito, trocar a placa lógica.
Ao inicializar, faz ruído anormal na engrenagem do motor do papel (gear cluster).	1. Mecanismo quebrado – pino que sustenta a engrenagem do motor do papel; efetuar a troca do chassi. 2. Engrenagem de redução do motor do papel quebrada.
Durante a inicialização, o pivot assy não desce.	1. Engrenagens plásticas do pivot assy quebradas. 2. Atuador danificado ou fora de posição. 3. Carro de impressão com a parte inferior danificada.
Ocorrem falhas periódicas durante a impressão.	1. Engrenagem de redução do motor do papel quebrada.
Apresenta falha na impressão.	1. Limpar os injetores do cartucho de tinta com um cotonete umedecido com água. 2. Limpar os contatos do cartucho com cotonete umedecido com álcool isopropílico. 3. Testar o cartucho para garantir seu bom funcionamento. 4. Verificar as conexões dos cabos da cabeça na placa. 5. Substituir o carro de impressão. 6. Substituir a placa lógica.
O pivot assy desce, os roletes giram, mas a máquina não carrega o papel.	1. Pivot assy sujo. Observação: se as borrachas forem de cor cinza, o pivot deverá ser trocado.
Ao ligar, o pivot gira por 10 segundos e os LEDs do painel piscam.	1. Papel atolado. 2. Acionador do sensor fora de posição. 3. Placa V com sensor do papel danificado.
Puxa papel torto.	1. Verificar se os roletes inferiores estão gastos. 2. Verificar se não há etiqueta ou resíduo de cola na passagem do papel.

DEFEITOS	SOLUÇÕES
Ao inicializar, o carro bate na lateral esquerda do mecanismo e os LEDs do painel piscam, indicando falha.	1. Sensor do carro danificado. 2. Cabo da cabeça preta danificado. 3. Verificar a fita codificada.
Ao inicializar, o carro trava na limpeza dos cartuchos.	1. Verificar a alavanca de rotação da estação de trabalho.
A impressão parece estar fora de foco.	1. Limpar a fita codificada. 2. Limpar o sensor da fita codificada. 3. Executar o alinhamento via painel operador ou software.
A impressora danifica o cartucho de tinta.	1. Substituir a placa das cabeças e a placa fonte.
A impressora não liga.	1. Verificar a fonte externa. 2. Ressoldar o conector AC da placa fonte.

Dicas para manutenção da Deskjet 520/550/560

⇨ Colocar absorvente de tinta em todas as máquinas que entrarem para manutenção.

⇨ Verificar a alavanca de rotação da estação de trabalho.

⇨ Refazer a solda no conector AC da placa fonte.

⇨ Fazer a limpeza do rolo de carga do papel.

⇨ Não alterar o ajuste de altura do carro.

Características da impressora

⇨ Autoteste – Load + Reset.

⇨ Alinhamento das cabeças pelo painel operador.

⇨ Não indica a necessidade de trocar o cartucho de tinta.

Especificações técnicas

Resolução gráfica: 600 × 300 dpi

Velocidade de impressão: modo normal: 4 mpp (min. por pág.) / modo rascunho: 2,5 mpp

Duração dos cartuchos de tinta

Cartucho colorido: 250 páginas no modo normal com 8% de cobertura da página.

Cartucho preto: 1.000 páginas no modo normal com 5% de cobertura da página.

Especificação do papel

Gramatura: 60 a 135 g/m^2

Manuseio: bandeja integrada para 100 folhas; os envelopes são alimentados manualmente.

A HP recomenda o uso de papéis e transparências por ela fornecidos. Devem-se fazer testes em caso de suprimento de terceiros.

Durabilidade e uso

Ciclo mensal: 1.000 páginas em preto e 160 gráficos coloridos mensais.

3. Defeitos e soluções para a Deskjet 600

DEFEITOS	SOLUÇÕES
Apresenta borrões durante a impressão.	1. Fazer limpeza embaixo do carro de impressão.
Ao inicializar, faz ruído anormal na engrenagem do motor do papel (gear cluster).	1. Mecanismo quebrado – pino que sustenta a engrenagem do motor do papel; efetuar a troca do chassi. 2. Engrenagem de redução do motor do papel quebrada.
Durante a inicialização, o pivot assy não desce.	1. Engrenagens plásticas do pivot assy quebradas. 2. Atuador danificado ou fora de posição. 3. Carro de impressão com a parte inferior danificada.
Ocorrem falhas periódicas durante a impressão.	1. Engrenagem de redução do motor do papel quebrada.
Apresenta falha na impressão.	1. Limpar os injetores do cartucho de tinta com um cotonete umedecido com água. 2. Limpar os contatos do cartucho com cotonete umedecido com álcool isopropílico. 3. Testar o cartucho para garantir seu bom funcionamento. 4. Verificar as conexões dos cabos da cabeça na placa. 5. Substituir o carro de impressão. 6. Substituir a placa lógica.
O pivot assy desce, os roletes giram, mas a máquina não carrega o papel.	1. Pivot assy sujo. Observação: se as borrachas forem de cor cinza, o pivot deverá ser trocado.
Ao ligar, o pivot gira por 10 segundos e os LEDs do painel piscam.	1. Papel atolado. 2. Acionador do sensor desajustado. 3. Placa V com sensor do papel danificado.
Puxa papel torto.	1. Verificar se os roletes inferiores estão gastos. 2. Verificar se não há etiqueta ou resíduo de cola na passagem do papel.
Ao inicializar, o carro bate na lateral esquerda do mecanismo e os LEDs do painel piscam, indicando falha.	1. Sensor do carro danificado. 2. Cabo da cabeça preta danificado. 3. Verificar a fita codificada.

Guia prático de manutenção de impressora a jato de tinta

DEFEITOS	SOLUÇÕES
Ao inicializar, o carro trava na limpeza dos cartuchos.	1. Verificar a alavanca de rotação da estação de trabalho.
A impressão parece estar fora de foco.	1. Limpar a fita codificada. 2. Limpar o sensor da fita codificada. 3. Executar o alinhamento via painel operador ou software.
A impressora emite ruído anormal durante a impressão.	1. Limpar as buchas do carro e o eixo principal. 2. Esticar a mola da correia do carro. 3. Substituir a correia do carro.
A impressora não liga.	1. Verificar a fonte externa. 2. Substituir o painel operador. 3. Substituir a placa lógica.
Ao imprimir, puxa o papel, mas este não para no topo e os LEDs do painel piscam alternadamente.	1. Verificar se o sensor do papel está fora de posição. 2. Substituir a placa dos sensores.

Dicas para manutenção da Deskjet 600

⇨ Colocar absorvente de tinta em todas as máquinas que entrarem para manutenção.

⇨ Verificar a alavanca de rotação da estação de trabalho.

⇨ Fazer a limpeza do rolo de carga do papel.

⇨ Não alterar o ajuste de altura do carro.

⇨ Não alterar o ajuste de altura do pivot assy.

Característica da impressora

⇨ Autoteste – Load.

⇨ Alinhamento das cabeças pelo driver de impressão.

⇨ Para operar com a tampa aberta, ligar com a tampa aberta e apertar a tecla load por 5 segundos.

Especificações técnicas

Resolução gráfica: 600 × 300 dpi

Velocidade de impressão: modo normal: 3 mpp (min. por pág.) / modo rascunho: 1,5 mpp

Duração dos cartuchos de tinta

Cartucho colorido: 350 páginas a 300 dpi com 15% de cobertura da página.

Cartucho preto: 650 páginas a 600 dpi com 5% de cobertura da página.

Especificação do papel

Gramatura de papel: 60 a 135 g/m^2

Gramatura de cartões: 110 a 200 g/m^2

Gramatura de envelopes: 75 a 90 g/m^2

Manuseio: folhas, até 100; alimentação automática ou unitária de até 20 envelopes; cartões, até 30; e etiquetas, até 25 folhas.

A HP recomenda o uso de papéis e transparências por ela fornecidos. Devem-se fazer testes em caso de suprimento de terceiros.

Durabilidade e uso

Ciclo mensal: 1.000 páginas em preto e 160 gráficos coloridos mensais.

Vida útil: 60.000 páginas.

Procedimento para montagem e desmontagem da Deskjet 500 series

Antes de começar a desmontagem de qualquer equipamento, certifique-se de que a bancada esteja aterrada e que o local esteja livre de eletricidade estática.

Materiais necessários

- chave torx 10 e 20;
- chave de fenda fina;
- pinça;
- pano branco;
- álcool isopropílico;
- detergente neutro;
- vaselina líquida.

Principais etapas de montagem e desmontagem

1. Retire a bandeja.
2. Remova a tampa de acesso aos cartuchos.
3. Para remover a carcaça superior, retire as quatro travas na parte inferior.
4. Desconecte o cabo do painel.
5. Para retirar o mecanismo da base, desconecte os cabos dos motores e o cabo da placa lógica.
6. Para remover a correia, pressione a mola do lado esquerdo e retire-a do motor.
7. Para retirar o eixo, tire primeiro a lâmina de aterramento do lado esquerdo e puxe-o para fora. Depois que recolocar o eixo, não se esqueça de posicionar a lâmina de aterramento com sua parte inferior dentro do mecanismo.

8. Retire a correia pressionando a mola do lado direito e tire-a da polia do motor.
9. Para retirar o carro de impressão, desprenda os flat cables da placa lógica.
10. Para retirar o paper guide assy (guia do papel), remova os dois parafusos em cima dele.
11. Remova a lateral direita, retirando as duas travas na parte inferior e a que se encontra na parte superior.
12. Para retirar o pivot assy, remova a trava com uma chave de fenda e force o chassi do lado esquerdo para liberá-lo.
13. Retire o reservatório de tinta.
14. Para retirar a service station (estação de trabalho), destrave o lado direito e retire o tambor. Para retirar o motor, remova a trava de acrílico. Cuidado para não quebrá-la.
15. Retire os grampos do elevador com muito cuidado, pois são muito frágeis.
16. Retire o elevador e as engrenagens restantes. Para recolocá-los, veja o procedimento a seguir.

Sincronismo das engrenagens

1. Bandeja para baixo → Engrenagem da bandeja (com orelha) na posição totalmente para baixo.
2. Pivot para cima → Engrenagem do pivot (com braço) entre o rasgo do pivot. Pivot na posição totalmente para cima.
3. Engrenagens pretas alinhadas verticalmente → Colocar a primeira engrenagem com as nervuras para fora, colocar o arame e a outra engrenagem (uma haste do arame vai sobrar). Alinhar os furos na vertical de modo que as engrenagens fiquem bem seguras.
4. Engrenagens brancas → São todas iguais e não têm lado. Segurá-las para não sair do sincronismo.

5. Elevador.
6. Grampos.
7. Engrenagens pretas → São todas iguais e não têm lado. Segurá-las para não sair do sincronismo.
8. Lateral.

Para testar a montagem, retire o motor do papel e gire a engrenagem do pivot, verificando se o mecanismo opera normalmente.

> **Importante:**
> ⇒ Certifique-se de estar usando equipamentos que previnam a ESD.
> ⇒ Não remova nenhum parafuso de regulagem, pois a calibração só é possível por meio de aparelhos especiais.

Procedimento para montagem e desmontagem da Deskjet 520/550/560 series

Antes de começar a desmontagem de qualquer equipamento, certifique-se de que a bancada esteja aterrada e que o local esteja livre de eletricidade estática.

Materiais necessários

⇨ chave torx 10 e 20;
⇨ chave de fenda fina;
⇨ pinça;
⇨ pano branco;
⇨ álcool isopropílico;
⇨ detergente neutro;
⇨ vaselina líquida.

Principais etapas de montagem e desmontagem

1. Retire a bandeja.
2. Remova a tampa de acesso aos cartuchos.
3. Para remover a carcaça superior, retire as quatro travas na parte inferior.
4. Desconecte o cabo do painel.
5. Para retirar o mecanismo da base, desconecte os cabos dos motores e o cabo da placa lógica.
6. Para remover o encoder strip (fita codificada), pressione o seu esticador no lado esquerdo e desprenda a fita pelo lado direito. Cuidado para não danificar a fita, pois ela é muito sensível. Limpe-a somente com detergente neutro, sem pressionar muito.
7. Para retirar o eixo, tire primeiro a lâmina de aterramento do lado esquerdo e puxe-o para fora. Depois que recolocar o eixo, não se esqueça de posicionar a lâmina de aterramento com sua parte inferior dentro do mecanismo. Não remova o parafuso do suporte do eixo do lado esquerdo, pois ele regula a altura do carro.
8. Retire a correia pressionando a mola do lado direito e tire-a da polia do motor.
9. Para retirar o carro de impressão, desprenda os flat cables da placa lógica.
10. Para retirar o paper guide assy (guia do papel), remova os dois parafusos em cima dele.
11. Para retirar o pivot assy, com uma pinça, retire a mola que o prende. Depois, retire a trava com uma chave de fenda e force o chassi do lado esquerdo para liberá-lo. Não remova o parafuso branco do chassi do mecanismo, pois ele regula a altura do pivot e só pode ser calibrado novamente com um aparelho especial.

12. Retire o reservatório de tinta. Cuidado para não perder a mola.
13. Para retirar a service station (estação de trabalho), tire os dois parafusos que estão embaixo, perto do motor. Para retirar o elevador, afrouxe os parafusos do motor e remova a engrenagem preta. Para recolocar o elevador, certifique-se de que seus dentes estejam no mesmo nível. Para recolocar a alavanca de ajuste, posicione a mola na posição mais alta, pois assim a alavanca ficará com a pressão correta.
14. Retire a placa lógica.
15. Retire a placa fonte.

Importante:
➲ Certifique-se de estar usando equipamentos que previnam a ESD.
➲ Não remova nenhum parafuso de regulagem, pois a calibração só é possível por meio de aparelhos especiais.

Procedimento para montagem e desmontagem da Deskjet 600 series

Antes de começar a desmontagem de qualquer equipamento, certifique-se de que a bancada esteja aterrada e que o local esteja livre de eletricidade estática.

Materiais necessários

⇨ chave torx 10 e 20;
⇨ chave de fenda fina;
⇨ pinça;
⇨ pano branco;

⇨ álcool isopropílico;
⇨ detergente neutro;
⇨ vaselina líquida.

Principais etapas de montagem e desmontagem

1. Retire a bandeja e os dois parafusos (torx 20).
2. Remova a tampa traseira (duas travas).
3. Desconecte o cabo do painel.
4. Retire o ajustador de comprimento.
5. Para remover a carcaça superior, retire as seis travas na parte de baixo da impressora.
6. Para remover o encoder strip (fita codificada), pressione o seu esticador no lado esquerdo e desprenda a fita pelo lado direito. Cuidado para não danificar a fita, pois ela é muito sensível. Limpe-a somente com detergente neutro, sem pressionar muito.
7. Para retirar o eixo, tire primeiro a lâmina de aterramento do lado esquerdo e puxe-o para fora. Depois que recolocar o eixo, não se esqueça de posicionar a lâmina de aterramento com sua parte inferior dentro do mecanismo.
8. Retire a correia pressionando a mola do lado direito e tire-a da polia do motor.
9. Para retirar o carro de impressão, desprenda os flat cables da placa lógica.
10. Para retirar o paper guide assy (guia do papel), remova os dois parafusos em cima dele.
11. Para retirar o pivot assy, com uma pinça, retire a mola que o prende. Depois, retire a trava com uma chave de fenda e force o chassi do lado esquerdo para liberá-lo. Não remova o parafuso branco do chassi do mecanismo, pois ele

regula a altura do pivot e só pode ser calibrado novamente com um aparelho especial.

12. Retire o reservatório de tinta. Cuidado para não perder a mola.
13. Para retirar a service station (estação de trabalho), solte os dois parafusos que estão embaixo, perto do motor. Para retirar o elevador, afrouxe os parafusos do motor e remova a engrenagem preta. Para recolocar o elevador, certifique-se de que seus dentes estejam no mesmo nível.
14. Retire a placa lógica, soltando as duas travas do lado.
15. Retire a placa dos sensores.

> **Importante:**
> ➲ Certifique-se de estar usando equipamentos que previnam a ESD.
> ➲ Não remova nenhum parafuso de regulagem que exija posterior calibração antes de marcar sua posição original.

Procedimento para montagem e desmontagem da Deskjet 700 series

Principais etapas de montagem e desmontagem

1. Porta traseira (atolamento de papel): três travas – duas laterais e uma em cima.
2. Tampa superior: apenas desencaixe (observe o rasgo).
3. Bandeja de entrada: puxe para fora e pressione a trava.
4. Limitador de largura: mova totalmente para a esquerda e depois puxe.
5. Bandeja interna: pressione a trava lateral e puxe.

6. Ajuste do comprimento: puxe para fora, empurre a pequena lâmina e continue puxando.
7. Laterais: remova os dois parafusos da parte superior. Com a mão, desencaixe a parte de cima. Vire a impressora de lado e, com uma chave de fenda grande, tire a trava frontal e a traseira. Gire a lateral para baixo e para fora.
8. Tampa da placa lógica: retire as duas travas laterais e puxe para cima.
9. Placa lógica: retire os seis parafusos.
10. Se o carro estiver preso na service station, retire o conector do motor e, com uma chave de fenda pequena, gire as engrenagens para mover o repouso para trás.
11. Eixo do carro: marque a posição de calibração dos ajustadores com uma caneta retroprojetora; marque também a que lado pertence cada um. Com uma chave de fenda grossa, empurre o ajustador até que o eixo saia por baixo. Marque o lado do eixo que saiu.
12. Encoder strip: retire o lado direito primeiro.
13. Lâmina do encoder: puxe para fora.
14. Correia: solte a mola do tensionador e depois retire a correia do motor do carro.
15. Cabo do carro de impressão: remova o suporte do cabo (dois parafusos).
16. Placa do carro: retire a correia e o suporte da correia (três parafusos).
17. Service station: remover o parafuso na parte frontal e, com uma chave de fenda, forçar para cima na parte da frente. Retire o motor (um parafuso), a engrenagem de agrupamento (maior) e a engrenagem de transferência (menor).
18. Tampa da service station: solte as quatro travas laterais.

19. Bandeja de saída: pressione no meio e desencaixe suas extremidades.
20. Parte superior da bandeja: desconecte o cabo do banner, gire o disco do encoder para que o pivot fique em posição mais alta e retire as travas dos lados.
21. Sensor do encoder: retire o parafuso.
22. Motor do papel: solte o prendedor do cabo do chassi e desconecte o cabo do motor. Tire a lâmina de ESD. Solte a trava esquerda do pivot empurrando até embaixo para trás. Tire o parafuso da parte frontal. Gire o conjunto para cima e puxe-o para fora.
23. Motor do carro: retire os dois parafusos da frente.
24. Rolo de alimentação: retire as duas travas laterais.
25. Guia superior do papel (peça preta): retire as quatro molas que seguram a guia na parte traseira. Puxe pela frente.
26. Pivot: solte a presilha (branca/vermelha) e a grande mola atrás da impressora. Retire as travas laterais e a mola frontal. Após retirar o pivot, deixe-o com a parte branca mais comprida para baixo para não danificar o disco do encoder.

Procedimento para montagem e desmontagem da Deskjet 800 series

Antes de começar a desmontagem de qualquer equipamento, certifique-se de que a bancada esteja aterrada e que o local esteja livre de eletricidade estática.

Materiais necessários

⇨ chave torx 10 e 20;
⇨ chave de fenda fina;
⇨ pinça;

⇨ pano branco;
⇨ álcool isopropílico;
⇨ detergente neutro;
⇨ vaselina líquida.

Principais etapas de montagem e desmontagem

1. Retire a bandeja de papel pressionando as garras embaixo.
2. Abra a tampa e remova os dois parafusos (torx 20).
3. Para retirar a carcaça, solte as quatro travas na parte de baixo da impressora. Para recolocá-la, certifique-se de que os atuadores do painel estejam recuados.
4. Para retirar a service station, remova o parafuso na lateral. Se o carro estiver preso, gire a engrenagem para liberá-lo.
5. Para desmontar a service station, primeiro retire com uma chave de fenda a parede/guia preta. Depois, com uma pinça, pressione os dois orifícios laterais e remova o limpador do tambor (gire o tambor até que a parte lisa fique voltada para o limpador). Finalmente, para retirar o tambor, use uma chave de fenda, fazendo uma alavanca primeiro no lado esquerdo, depois no direito. Para montar a service station, comece primeiro pelo absorvente de tinta. Coloque depois a parede/guia preta e em seguida o tambor. Gire-o para que a parte lisa fique virada para o local do limpador. Coloque o filtro e depois o limpador seguindo as guias laterais.
6. Para retirar a placa lógica e a placa fonte, remova os dois parafusos da parte superior, desconecte o flex cable do carro e retire o cabo dos motores.
7. Para retirar o eixo, marque com uma caneta a posição das duas buchas, antes de retirar os parafusos. Não se esqueça de marcar a posição, pois as buchas regulam a altura

do carro e só é possível regulá-las por meio de um aparelho de calibração.
8. Para retirar a head driver (placa das cabeças), remova os três parafusos e retire o suporte da correia. Cuidado para não perder as molas e as lâminas de ESD.
9. Para remover o pivot assy, primeiro solte os dois parafusos que seguram a guia inferior do papel. Depois retire o atuador, a mola e a trava esquerda.
10. Para remover o mecanismo da base, retire os quatro parafusos (torx 20) da parte de baixo e o cabo dos motores. Retire a trava no lado esquerdo do mecanismo e desloque-o para a esquerda.

Importante:

➲ Certifique-se de estar usando equipamentos que previnam a ESD.

➲ Não remova nenhum parafuso de regulagem que exija posterior calibração antes de marcar sua posição original.

Procedimento para montagem e desmontagem da Deskjet 1200/1600 series

Antes de começar a desmontagem de qualquer equipamento, certifique-se de que a bancada esteja aterrada e que o local esteja livre de eletricidade estática.

Materiais necessários

⇨ chave torx 15 e 20;

⇨ chave de fenda fina;

⇨ pinça;

⇨ pano branco;

⇨ álcool isopropílico;
⇨ detergente neutro;
⇨ vaselina líquida.

Principais etapas de montagem e desmontagem

1. Retire a bandeja de papel destravando as suas laterais.
2. Abra a tampa e remova os três parafusos.
3. Abaixe a alavanca e movimente o carro para a esquerda, prendendo a alavanca da tampa.
4. Para retirar a carcaça, solte as quatro travas na parte de baixo da impressora. Retire primeiro a tampa frontal, deixando-a de lado para soltar o cabo do painel. Depois, remova a tampa traseira.
5. Para retirar o painel na DJ 1200, retire o overlay e os dois parafusos (torx 15). Na DJ 1600, retire as travas do painel.
6. Para desconectar a base (placas) do mecanismo, retire o media plug (encurvador traseiro), os dois parafusos da frente e os dois de trás. Desconecte todos os cabos e remova o mecanismo.
7. Solte a correia pressionando o tensionador no lado direito e retire-a da polia do motor.
8. Retire o encoder strip (fita codificada).
9. Para remover o carro de impressão, retire os dois parafusos de ajuste (marque a altura do carro antes de retirá-los) e os dois parafusos pretos na guia frontal. Desconecte o cable trailing da placa e das travas. Não se esqueça de marcar a posição, pois as molas regulam a altura do carro e só é possível regulá-las por meio de um aparelho de calibração.
10. Para retirar a intercom (placa controladora dos cartuchos), destrave a proteção do cable trailling (pelas laterais) e solte-o. Remova o parafuso na parte traseira.

11. Para retirar o plenum, remova os quatro parafusos pretos e desconecte os cabos do motor e do ventilador. Incline-o para a esquerda.
12. Para retirar o plenum cover, remova os dois parafusos pretos. Cuidado para não amassar a center shim (guia central), pois ela é muito sensível.
13. Para retirar o heater, desprenda o suporte do pre-heater e remova os dois parafusos que prendem o heater. Desconecte o cabo do sensor e o cabo do heater.
14. Para retirar a center driver, remova os quatro parafusos na lateral esquerda e desconecte o cabo do motor da center driver. Retire o ortho wipe (reservatório de tinta).
15. Para remover o shaft pick (rolo de carga), retire a bushing pick (trava) no lado direito.

Importante:
- Certifique-se de estar usando equipamentos que previnam a ESD.
- Não remova nenhum parafuso de regulagem que exija posterior calibração antes de marcar sua posição original.

Anexos

Testes internos das impressoras HP Deskjet

DJ 200 SERIES

PRESENTATION	POWER + PAPER FEED

DJ 400 SERIES

PRESENTATION	POWER + PAPER FEED

DJ 500 / 500C

PRESENTATION	LOAD/EJECT + RESET
PEN CARTRIDGE CLEANING	CLEAN

DJ 520/550/560

PRESENTATION	LOAD/EJECT + RESET
PEN CARTRIDGE CLEANING	CLEAN
ALIGNMENT TEST	ALIGNMENT TEST

DJ 600 SERIES

PRESENTATION	PAPER FEED
DIAGNOSTIC TEST	POWER + PAPER FEED (5 vezes)
PEN CARTRIDGE CLEANING	POWER + PAPER FEED (7 vezes)
CONTINUOUS TEST	POWER + PAPER FEED (10 vezes)
KEYPAD TEST	POWER + PAPER FEED (11 vezes)
EXTENDED DIAGNOSTIC TEST	POWER + PAPER FEED (12 vezes)
BANNER TEST (680/692 only)	PAPER FEED + alavanca banner acionada

DJ 850/855/870/890

PRESENTATION	PAPER FEED
DIAGNOSTIC TEST	POWER + PAPER FEED (5 vezes)
PEN CARTRIDGE CLEANING STANDARD CLEANING (DJ 890 only) DEEP CLEANING (DJ 890 only)	POWER + PAPER FEED (7 vezes) POWER + PAPER FEED (8 vezes) POWER + PAPER FEED (9 vezes)
EXTENDED DIAGNOSTIC TEST	POWER + PAPER FEED (12 vezes)

DJ 820

| PRESENTATION | POWER + PAPER FEED (4 vezes) |

DJ 700 SERIES

| PRESENTATION | POWER + PAPER FEED (4 vezes) |

DJ 880/895 SERIES

PRESENTATION	POWER + PAPER FEED (1 vez)
DIAGNOSTIC TEST	POWER + PAPER FEED (4 vezes)
PAPER MOTOR STEP TEST*	POWER + PAPER FEED (7 vezes)
PRINT SKEW TEST	POWER + PAPER FEED (8 vezes)
PAPER PATH CALIBRATION*	POWER + PAPER FEED (11 vezes)
EXTENDED DIAGNOSTIC TEST	POWER + PAPER FEED (12 vezes)

* For factory use only (Para uso do fabricante).

Sites

Site da HP no Brasil: www.hp.com.br.

Site da Epson no Brasil: www.epson.com.br.

Site da Multiservice, empresa de assistência técnica e suporte de produtos de informática: www.multiservice.com.br.